LE [illegible] Psikoloji Lisans, Boğaziçi Üniversitesi Psikolojik Danışmanlık Yüksek Lisans mezunudur. Kişisel gelişim ve özellikle bireysel potansiyellerin filizlenmesine tutkulu inancı nedeniyle, *Kızgınlık, Kıskançlık ve Rekabet, Yakın İlişki ve Birey, Gücün Kullanımında Cinsel Farklar* konularında çeşitli seminer ve grup çalışmaları üretmeye devam ediyor. Çalışmalarını yurt-içi ve yurtdışında uygulama ve yazı olarak derlemektedir. Aile içi iletişim konusundaki ilk eseri *Beni Duyuyor musun?* (1987), yenilenmiş olarak *Gerçekten Beni Duyuyor musun?* adıyla (1999, Sistem Yayıncılık) yayınlandı. Toplumsal cinsiyet rollerindeki çifte standartları irdeleyen *Tapınağın Öbür Yüzü* (1997, ikinci basım 1999) ve kızgınlık ve güçte cinsel farklılıkları araştıran *Bir Cadı Masalı* (1999), kadın ve erkek olmayı yansıtan ilk iki kitabıdır.

Boğaziçi Üniversitesi'nde öğretim üyeliği ve süpervizörlüğün yanı sıra çalışmalarını halen, kurucusu olduğu Nirengi Psikolojik Danışmanlık Merkezi'nde sürdürmekte ve bir Gökova tutkunu olmaya devam etmektedir.

LEYLÂ NAVARO

Gerçekten

BENİ DUYUYOR MUSUN?

Remzi Kitabevi

GERÇEKTEN
BENİ DUYUYOR MUSUN? / Leylâ Navaro

Editör: Neclâ Feroğlu
Kapak: Ömer Erduran

ISBN 978-975-14-0806-8

BİRİNCİ VE İKİNCİ BASIM: Sistem Yayıncılık, Ocak-Mayıs 1999
ÜÇÜNCÜ BASIM: Remzi Kitabevi, Temmuz 2001
OTUZ DÖRDÜNCÜ BASIM: Aralık 2017

Kitabın bu basımı 5000 adet yapılmıştır.

Remzi Kitabevi A.Ş., Akmerkez E3-14, 34337 Etiler-İstanbul
Sertifika no: 10705
Tel (212) 282 2080 Faks (212) 282 2090
www.remzi.com.tr post@remzi.com.tr

Baskı: Seçil Ofset, 100. Yıl Mah. Matbaacılar Sitesi
4. Cad. No: 77 Bağcılar-İstanbul
Sertifika no: 12068 / Tel (212) 629 0615

Cilt: Çifci Mücellit, 100. Yıl Mah. Matbaacılar Sitesi
5. Cad. No: 24-25 Bağcılar-İstanbul
Tel (212) 629 4783

İçindekiler

Kitapta sözü geçen tüm isimlerle yaşam öyküleri örnek olarak yazar tarafından kurgulanmıştır. Gerçeğe yakın olanlardan yayınlama izni alınmıştır. Her türlü isim veya kurgu benzemesi sadece rastlantıdır.

En Önsöz...

Elinizdeki kitap, ilk kitabım. Bunu yazdığımda fiilen anneydim. Bugün çocuklarım artık birer genç yetişkin. Hâlâ anneyim, ancak fiilen pek değil. Şimdilerde, sadece bana ihtiyaç duyuldukça 'anne' oluyorum; yani çocuklarımın, kendi yaşamlarından getirmek istedikleri kesitleri paylaşmak, dertleri olduğunda dinlemek, eğer sorarlarsa öneri getirebilmek veya çok sıkışık olduklarında yetişebilmek için... Anneliğimin fiili katkısı azaldı, ancak niteliği aynı. Çünkü anneliği sadece bakım, besleme, ders çalıştırma, yönlendirme veya duygusal borçlandırma olarak görmedim. Benim için annelik, öncelikle bir ilişki.

Bu kitabımın ilk yayınlandığı yıldan beri (1987), pek çok okur, anne, baba ve iletişim uzmanından oldukça olumlu eleştiriler aldım. 14 yılı aşkın süredir kitabın hâlâ güncelliğini koruması beni umutlandırıyor. Anne/baba olma sanatında, çocukla ilişkinin niteliğine öncelik tanımanın önemine inandığım kadar, karşılıklı saygı ve özen gösterildiğinde, sorunların bir miktar azalacağını da, hem kişisel hem mesleki deneyimlerim sürekli kanıtlamakta.

Kitabımın yenilenen baskısı için, okurlarımdan ve danışanlarımdan gelen soru ve önerilerin ışığında, yeni bir bölüm (8. Bölüm) ekledim. Bu bölümün, özellikle daha sık rastlanan sorun ve çıkmazlara ışık tutacağını umuyorum. Bu arada, seminerlerimden birinde bir katılımcı okurumdan gelen çarpıcı bir geribildirime özellikle burada da yanıt vermek istiyorum. Katılımcının sorusu ve sorunu şuydu: "Çocuklarımı kitabınıza göre yetiştirdim. Her sorduklarına sabırla cevap verdim. Şimdi büyüdüler, hâlâ ve üstelik daha da zor sorular sorup duruyorlar. Her şeye cevap yetiştirmek zorunda kalıyorum.

Bu durumla nasıl başa çıkacağım? Lütfen bunu açıklar veya kitabınıza yazar mısınız?"

Doğrusu, sorun gibi gözüken –ve hele zor ve sıkışık zamanlarımızda gerçekten de sorun olan– bu durum beni son derece keyiflendirdi. Evet, demek çocuklar soru soruyor, anneyi sıkıştırıyor, anne de yanıt bulmakta zorlanıyordu. Bir kere, kesin olan şu ki, iletişim içindeydiler. Çocuklar annelerine güveniyor, yanıtlarından tatmin oluyor ve/veya soru sorarak anneyle iletişim kurmaya çalışıyorlardı. Anne de yanıt vermeye çalışırken, düşünüyor, belki cevapları araştırıyor, dolayısıyla kendisi de gelişiyordu. İlişkileri anne için belki yorucu ama mutlaka ki diriydi.

Soruları her zaman çok sevmişimdir. Sorular, soranı da, yanıt vereni de düşündürür. Güzel, akıllı soru sormak, cevap vermekten –hele bildik cevapları vermekten– daha canlı, daha dinamiktir. Bilgiyi, verileri ve hayatı sorgulamak, öğretilenleri sunulduğu şekliyle kabul etmemek, meraklı olmak; dirilik, canlılık, ruh gençliği demektir. Sorgulama; değiştirme, farklılaştırma gücüne önayak olur, ivme katar. Soru sormanın, kültürümüzde olmadığı gibi, özellikle eğitimimizin de çok önemli bir eksiği olduğunu düşünüyorum. Öncelikle yetişkinlerin konforu gözetilerek kurulmuş düzenimizde, soru sormak yetişkinler için, onları zor durumda bırakmak, veremeyeceği cevaplarla yüzleştirmek, bir bakıma küçük düşürmek anlamına gelir. Bu nedenlerle çocuklar soru sormaz, sorduğundaysa olumlu karşılanmaz. Çünkü yetişkinler, sadece yetişkin oldukları için tüm cevapları bildiklerini veya bilmeleri gerektiğini sanır, cevabını bilmedikleri bir soruyla karşılaşınca rahatsız olurlar; bu yüzden de genel olarak soru sorulmasından hoşlanmazlar. İşte bu konuda çok sevdiğim bir ufak öykü: "Bilge bir baba, her gün okuldan dönen çocuğuna: 'Çocuğum, bugün doğru bir soru sordun mu?' diye sorarmış. (Lütfen dikkat! Bilge, 'Çocuğum, bugün doğru bir cevap verdin mi?' diye sormuyor!)

Çocuklarımıza sorduğumuz soruların karşılığında da, onlardan "doğru" (yani hazır, öğretilmiş) cevaplar bekleyen zihniyetimize karşıt, çok anlamlı bir örnek bu, bence. Eğer kitabım çocukların daha fazla soru sormasına neden oluyorsa, beni çok mutlu eder. Çünkü sorular öncelikle düşünce gücüdür, diriliktir, meraktır, cevap alındığı için de devam ediyordur; bunlar anne/babayla, öğretmenle iletişimdir. Ayrıca yetişkinleri de uyarıcı, cevabı araştırıp bulması, düşünmesi için teşvik edicidir. Kanımca, kültürümüz ve eğitim sistemimiz, soruları daha çok sevebilseydi, ilerleme ve çağdaşlaşmamız daha da hızlı olabilirdi.

Yenilenmiş ve zenginleştirilmiş çehresiyle, kitaptan daha çok yararlanmanız dileğiyle...

Leylâ Navaro
Mayıs, 2001

Sunuş

Sayın okur,

Elinizdeki kitap, Leylâ Navaro'nun özgün bir eseridir. Alışılmış "çocuk gelişimi" kitaplarından farklı, anneye ve çocuğa taze bir bakış açısından bakan, okurla konuşan, dertleşen, "yaşayan" bir kitap. Bu bir "elkitabı"dır; yani, zaman zaman okunan, tekrar okunan, arada bir başvurulan bir destek kaynağı. Bu elkitabı, Navaro'nun kendi tecrübeleri, akademik çalışmaları ve yönettiği grup faaliyetleri sonucu oluşturduğu geniş bilgi ve sezgilerinin ürünüdür. Bu değerli ve yararlı ürünü siz okurlara sunmaktan mutluluk duyarım.

"Sunuş" yazısını benim yazmamın nedeni, bu kitaba temel teşkil eden çalışmaların Boğaziçi Üniversitesi'nde benim yönettiğim "Çok Yönlü Okulöncesi Eğitimi, Çocuk Gelişimi ve Anne Eğitimi Projesi"nden kaynaklanmasıdır. Bu projenin "anne eğitimi" araştırma ekibinde çalışan Leylâ Navaro, projedeki çalışmalarıyla elinizdeki bu kitabın nüvesini oluşturdu. Ancak bu kitap, Navaro'nun diğer bilgi ve tecrübelerinin de katkısıyla proje çalışmalarının ötesine gitmiştir.

Burada "Çok Yönlü Okulöncesi Eğitimi, Çocuk Gelişimi ve Anne Eğitimi Projesi"ni kısaca tanıtmak gerekir. Bu proje, okulöncesi yaştaki çocuğun bedensel, zihinsel, duygusal ve sosyal gelişimine katkıyı amaçlamıştır. Özellikle "evde eğitim" ile anneler desteklenmiş ve onların da kendi çocuklarını desteklemeleri sağlanmıştır. Proje çalışmaları, 1982-1986 yılları boyunca İstanbul'un beş yöresinde anneler ve çocuklarla gerçekleştirildi. Her yörede annelerin çocuklarını daha iyi yetiştirmelerini sağlamak için annelerle grup çalışmaları yapıldı. Eğitim programının sonunda, bu çalışmaların çok etkili olduğunu gördük.

Proje çalışmalarından memnun kalan anneler, bu eğitim programını televizyona uyarlamamızı önerdiler. Daha çok sayıda annenin, onların çocuklarının ve ailelerinin bu eğitimden yararlanmasını sağlamak için 1986 yılı sonbaharında televizyona bir program hazırladık. Bu olumlu tecrübelerin ışığında, çeşitli merkezlerde anne eğitimi programları halen sürdürülmektedir. Amacımız, daha çok anneye destek sağlamaktır.

Leylâ Navaro'nun bu kitabı da bu amaca yöneliktir. Navaro, projemiz çerçevesinde sürdürülen grup çalışmalarında, grup yöneticilerinin kullandığı bilgi ve yönergeleri hazırlamış ve gruplardan birini yönetmişti. Proje ekibinin katkılarıyla, grup tecrübelerinden de yararlanarak bu materyalleri geliştirdi ve giderek elinizdeki bu özgün eseri oluşturdu. Kendisini bu başarısından ötürü kutlarım.

Bu kitabın, onu okuyan, bir "elkitabı" olarak ona sık sık başvuran anneler için çok yararlı olacağından eminim. Babalar da bu kitaptan aynı derecede yararlanabilirler. Esasen ana-baba arasındaki anlayış birliği ve tutarlılık, çocuğun yetiştiği ortamın sağlıklı olması için çok önemlidir. Bununla birlikte küçük yaştaki çocuğun yetişmesinde genellikle anneler daha ön planda olduğu için, kitap daha ziyade annelere yöneliktir.

En değerli varlıklarımız olan çocuklarımızın yetiştirilmesi bilgi, sezgi, sevgi, akılcı ve tutarlı davranış gerektiren zor bir "sanat"tır. Bu sanatı yeterince gerçekleştirebilmek için hepimizin öğreneceği bir şeyler vardır. Babadan görme usullerin geçersizliği ortadayken, bunların yerini alacak bilimsel verilere dayanan, aydınlatıcı, yol gösterici yayınlar azdır. Leylâ Navaro'nun kitabı bu eksikliği giderebilecek önemli bir yapıttır. Gönül arzu eder ki, her anne, her baba bu kitabı okusun.

Prof. Dr. Çiğdem Kâğıtçıbaşı
İstanbul, 1987

Bu Kitabı Okurken...

Sevgili okur,

Bu kitap, geleneksel eğitici kitaplardan biraz farklı bir tarzda kaleme alınmıştır. Bunun ilk nedeni, salt eğitici bir yaklaşımın zamanla sıkıcı olabileceği, kendini okutmayabileceği varsayımıdır. Ancak temel nedeni, eğitimin tek yönlü pasif bir aktarma olmadığına inanmamızdır. Kanımızca eğitim, ancak düşünerek, anlayarak, tartışarak, kendi sistemimize, değerlerimize, yapımıza uygun olup olmadığını görerek, uygulayarak, kısacası "yaşayarak" benimsenebilir. Okunan metinler teoride kalır, önemli olan, teorileri hayata geçirmektir. Bu nedenle, kitaptaki fikir ve önerilerin yanında, siz okura yönelik ve sizin kişisel katkılarınızı bekleyen bilinçlenme, hatırlama, düşünme alıştırmaları, uygulamalar, görsel uyarı ve öneriler bulunmaktadır. Yani burada okurumuz pasif değil, aktiftir. Kitabı okurken durup düşünebilmeli, kendi yaşamına uygun olup olmadığını tartmalı, kitaba yeni fikirler eklemeli, kitapta kendini bulabilmelidir. Bu nedenle, kitaptaki fikir ve önerilerin arkasından gelen alıştırmaları yapmanızı, bunlara zaman ayırmanızı öneririz. Böylelikle kitap "sizin elkitabınız" olacak, sizin de kişisel görüş ve katkılarınızla daha da zenginleşecek ve öznelleşecektir. Bunun diğer bir yararı da, kitabı bitirdikten bir süre sonra geriye bakıp sayfaları çevirdiğinizde kitapta kendi düşünce ve görüşlerinizi bulmanın, kendinizle ilgili bölümleri okumanın ve zamanla kendinizde olabilecek değişiklikleri görmenin zenginleştirici katkısıdır.

Toplumumuzda, eğitim ve çocuklarla ilgili kitapları genellikle anneler daha çok okuduğu için, kitapta annelerle ilgili bölümlerle, örneklere, "Çünkü Anneyim..." gibi başlıklara sıkça rastlayacaksınız. Hatta kitabı yazarken, en başından gerçekçi bir taraf tutup, kitabı sadece, çocuklarla ve çocukların eğitimiyle en çok vakit geçirenlere, yani kadınlara, annelere yazmayı düşünmüştük. Ancak böyle bir tutumun, konuya ilgi duyan babaları haliyle saf dışı edeceğini, "çocuk eğitiminin sadece anneye ait olduğu" fikrini savunacağını düşünerek, bu tür kesin bir taraf tutmaktan vazgeçtik. Bu nedenle bu kitap, çocuğuyla ilgilenen tüm anne ve babalara yönelik olarak hazırlandı.

Kitabı dizgiye vermeden önce eleştirel gözle okuyan arkadaşlarımızdan Sayın Nurhan Esin'in bir önerisi üzerine, kitaba şöyle değişik bir boyut getirdik: İçine, okur için "kahve molaları" koyduk. Şöyle ki, okur biraz okuyup düşünmek, nefes almak istediği zaman veya Nurhan Hanım'ın terimiyle "yüklendiği" zaman, oturup şöyle bir kahve içip kendine biraz zaman ayırabilsin. Kendine izin versin. Bu, özellikle günde 24 saat annelik –babalık– yapan, kendine zaman ayırmayan, buna izin vermeyen, ayırdığında da suçluluk duyan okurlarımız içindir. "Molalar" anne/babalığını daha iyi yapmak isteyen okurlara, salt anne/babalık dışında bir kahve içme ve keyifli zaman geçirme hakkını tanımaktadır. Çünkü inancımız, mükemmel anne/babanın mükemmel çocuk yetiştirdiği değil, mutlu anne/babanın mutlu çocuk yetiştirdiğidir.

Beraberce keyifli bir okuma süresi geçirme dileğiyle...

...Ve Yazarken

Kitabı yazarken önerileri, fikirleri, paylaşmaları ve kişisel katkılarıyla bana yardımcı olan, beni destekleyen kişilerden söz etmeden geçemeyeceğim.

İlk olarak, bu kitabın kaleme alınması fikrini öne süren, manen ve kişisel katkısıyla destekleyen Sayın Çiğdem Kâğıtçıbaşı'na, dinamik yaklaşımı, motivasyonu ve yarattığı nezih ve uygar çalışma ortamı için teşekkür ederim; araştırma süresince, kişisel fikir ve katkılarıyla çalışmamıza değer kazandıran Sayın Meral Çulha ve Diane Sunar'a teşekkürü borç bilirim.

Yazılı metinleri dikkatle okuyup bana öneri, eleştiri ve fikirleriyle katkıda bulunan Sayın Nükhet Atalay, Dr. Lydia Albukrek, Nurhan Esin, Gina Telvi, Fevziye Peker, Filiz Ayan ve Neslihan Güzelses'e değerli katkılarından dolayı takdirlerimi ifade etmek isterim.

Grup çalışmalarımız süresince, kişisel paylaşımları, düşünceleri ve içten katılımlarıyla kitaba örnekler ve gerçek yaşantılar açısından boyut ve zenginlik kazandıran tüm grup üyelerine teşekkürü borç bilirim.

Görünen somut desteklerin yanında, görünmeyen ama mevcut ve vazgeçilmez değeri olan manevi destekler de vardır. İşte, çalışmalarım boyunca sabır, anlayış ve takdirini esirgemeyen eşim Daniel ve özellikle sonsuz sevgi ve takdirimi ifade etmek istediğim, çocuk eğitimi ilkelerimi sıralarken yaşantıları ve güzelim davranışlarıyla bana yol gösteren, burada sizlere sunulan öneri ve ilkeleri yalancı çıkarmayan, başarılı olunabileceğinin somut kanıtı olan çocuklarım Yael, İlana ve Erez'e, uzun çalışmam süresince gösterdikleri sorumluluk, anlayış, yakınlık ve desteklerinden dolayı içten teşekkür ederim.

Leylâ Navaro

"Tanrım, bana
Değiştiremeyeceğim şeyleri kabul etmek için
SÜKÛNET
Değiştirebileceklerimi değiştirmek için
CESARET
İkisini birbirinden ayırt edebilmek için de
AKIL ver." (1)

(1) Reinhold Niebuhr'a atfedilmektedir.

1

Anne/Babalık Sanatı

"ÇÜNKÜ ANNEYİM..."

Çünkü anneyim... Anne olmayı bana kimse öğretmedi. Bildiklerimi kendi annemden, ailemden, arkadaşlarımdan, biraz da gazete, dergi, TV ve bazı kitaplardan öğreniyorum... İyi bir anne olmak istiyorum... İstiyorum ki çocuklarım akıllı, terbiyeli, başarılı, mutlu, herkesin sevip beğendiği çocuklar olsun... Onlar da büyüdüklerinde beni sevgi ve övgüyle ansınlar. Onlara ne iyi baktığımı, nasıl büyüttüğümü, onlar için ne büyük fedakârlıklara katlandığımı anlatsınlar... Onları hayata hazırlayayım, birçok şey öğreteyim, her zaman sevgi dolu, sabırlı, anlayışlı bir anne olayım...

Ama bu bazen öyle zor ki... Bütün iyi niyetlerime rağmen her şey istediğim gibi olmuyor... Bir bakıyorum ki istemeden çocuğuma kızmışım... Onu azarlıyorum, deliler gibi bağırıyorum. Hatta arada sırada el kaldırıp dövdüğüm bile oluyor... Sonradan yaptığıma öyle pişman oluyorum ki; çok da üzülüyorum... Bu küçük, savunmasız yaratığa nasıl vurdum? Nasıl el kaldırdım? Hani onu o kadar seviyordum? Ben ne biçim anneyim? Kendimi yiyorum... ama elimde değil... bazen öyle sabırsız, öyle sinirliyim ki... Yapmam gereken bir sürü iş var, hepsini de yetiştirmek istiyorum... O an en küçük bir yaramazlığı, bir söz dinlemememeyi dahi kaldıramıyorum... Öyle özeniyorum ki şu sabırlı annelere, hiç kızmayan, sinirlenmeyen, hoşgörülü, her zaman güler yüzlü olan annelere... Ama ben yapamıyorum... Neden?

ÇÜNKÜ BEN DE İNSANIM...

ANNELER DE İNSANDIR...

Evet, anneler de insandır... Anne simgesi, hepimizin gözünde sabırlı, hoşgörülü, verici, fedakâr, kendini hiç düşünmeyen, güler yüzlü, sadece başkalarını ve çocuğunu düşünen; çocuk bakımı, eğitimi, psikolojisi hakkında her şeyi bilen veya bilmesi gereken, bilmesi beklenen, hiç kızmayan, sinirlenmeyen, kocaman yürekli, süper kadınlar halinde canlanır. Anne her zaman evde, her zaman hazır, çocuğunu bekler, hiç kendisiyle meşgul olmaz, hep çocuğuna öncelik tanır, bundan dolayı da sinirlenmez, kızmaz, üzülmez, her şeyi sabırla dinler, çocuğa nasıl bakılacağını, onu nasıl besleyeceğini, onunla nasıl konuşacağını bilir, çünkü anne evde doktordur, anne hemşiredir, pedagogdur, psikologdur, aynı zamanda öğretmendir, dadıdır, çok da iyi bir aşçıdır, hizmetçidir, arkadaştır, dert ortağıdır, ama aynı zamanda disiplini sağlayan otoritedir de, vs... vs... vs... Ve anne, bütün bunları kızmadan, sinirlenmeden, sabırla, daima güler yüzle yapar...

Söyler misiniz, böyle bir anneyi tanıyanınız var mı?

Evet, anneler ve anne simgesi üzerinde ne çok beklenti var, değil mi? Bütün bu beklentilerin bırakın tamamını, birazını bile yapamayan anne, zaman zaman kendini belki de suçlu, başarısız, huzursuz hissedebilir:

- "Çocuğumun derslerine yardım etmek istiyorum. Her akşam okuldan dönünce yanına oturup onu çalıştırıyorum. Ama çok yavaş ders yapıyor, oyalanıyor, çabuk anlamadığı zaman çok sabırsızlanıyorum. Hele dersler bitmeyince sinirleniyor, kızıyorum... Fena halde azarlıyorum onu. Sonra da bundan dolayı suçluluk duyuyorum. Ne yapacağımı şaşırdım..."
- "Çalışan bir anneyim. Oğlum eve gelince yardımcı kadın onu karşılıyor, yemeğini veriyor. Bense akşam 7'de eve dönmüş oluyorum... Bakıyorum her şey yolunda, çocuk da iyi. Ama ben rahat değilim... Çocuğumla fazla beraber olamadığımı, okuldan dönünce onu karşılayamadığımı düşünerek huzursuz olmaktayım.

Sürekli evde oturan, çocuğuyla beraber olan annelere çok gıpta ediyorum..."

- "Emre hiç yemek yemiyor. Her şeyi denedim, imkânsız. Bakıyorum da bütün çocuklar iyi kötü yemek yiyorlar, benimki ise sadece bağırıp çağırarak... Umutsuzluğa kapıldım... İyi anne değilim herhalde..."
- "Aslı kolej sınavlarında başarılı olamadı. Arkadaşlarımın çoğu çocuklarını iyi okullara yerleştirdiler... Biz de Aslı'yı bir özel okula yazdırdık... Pek başarılı değil... Bakıyorum da diğer çocuklara, hepsi bir yerde başarılı oldular... Herhalde kabahat bende... Çocuk yetiştirmesini bilmiyorum..."

Bütün bunlar ideal anne imgesine kendini sıkıştırmış, mükemmel anne olması, her şeye yetişmesi, her sorunu kendi halletmesi gerektiğine kendini koşullandırmış kadınların yaşadığı huzursuzluğu, sıkıntıları yansıtmıyor mu?

Siz de hiç böyle düşünce veya duygulara kapıldınız mı?

....

Annelik beklentilerinizin çoğunu gerçekleştirebildiniz mi?

....

Hangileri gerçekçiydi (yani hangileri yapınıza veya yaşantınıza uygundu)?

....

Gelin, şimdi beraberce sizi inceleyelim.

Tarih: ....

Anne –baba– olarak kendimden ne kadar memnunum? Neleri iyi yapıyorum? (Örneğin; çocuğumla oynamaya vakit ayırıyorum, söylediklerini iyi dinliyorum, saygılı olmalarına kendim örnek oluyorum, aramızda iyi bir iletişim var, gibi)

1. ....
2. ....
3. ....
4. ....
5. ....

Anne –baba– olarak kendimde beğenmediğim, değiştirmek istediğim neler var? Neleri iyi yapmıyorum veya daha iyi yapabilirim? (Örneğin; çabuk sinirlenip bağırıyorum, tutarlı değilim, bazen çok sert bazen aşırı kabulleniciyim, kızdığım zaman dövüyorum, gibi.)

1. ....
2. ....
3. ....
4. ....
5. ....

BU ŞİİRLE BÜYÜDÜK...

Canımdan Çok Severim

Anneciğim beni sen
Ne emekle büyüttün
Küçükken elimi
Tutarak sen yürüttün

Ağlatmazdın beni hiç
Hemen koşar gelirdin
Biraz güleyim diye
Oyuncaklar verirdin

Hasta olduğum zaman
Bana ninniler söyler
Beşiğimi sallardın
Başucumda ağlardın

MELAHAT UĞURKAN

"BENİM ANNEM ÖYLEYDİ"

"Benim annem öyleydi," dedi Tülay... "Tam bir anneydi. Öyle özveriliydi ki... Hiç kızdığını veya sesini yükselttiğini hatırlamıyorum... Daima yanımızda olur, bütün sorunlarımıza bir çözüm getirirdi... Bense öyle sabırsızım ki... En ufak bir terslik olsa bas bas bağırıyorum... Kendime hâkim olamıyorum..."

Tülay'ın, kendi anneliği konusunda tedirgin olduğu belliydi... Kendini sürekli suçluyordu... Annesi İpek Hanım güldü: "O, şapkanı giymediğin günü hatırlıyor musun? Ne kadar sinirlenmiş ve sonunda seni evde bırakmıştım. Hani teyzenlere yatıya gidecektik, sen teyzenlere gitmeye bayılırdın... Ben de ceza olsun diye seni evde bırakmıştım... Ne çok ağladıydın... Bugün bile hâlâ üzülüyorum, nasıl da acımadım diye..." Ama Tülay hatırlamadı... Aslında insan belleğinin bazen kötüleri unutup iyi şeyleri hatırlamak gibi ne güzel bir korunma sistemi vardır, değil mi? Demek ki, hiç bağırmayan, kızmayan, ideal anne gibi bilinen İpek Hanım da zamanında kızmış, sabırsızlanmış, hatta cezalandırmıştı... Ama diğer olumlu yönleri çoğunlukta olduğundan, anlaşılan bunlar Tülay'ın belleğinden silinmişti... Aslında İpek Hanım hiç sinirlenmeyen, insanüstü bir varlık değildi, anlaşılan Tülay'a kıyasla daha yavaş sinirleniyor, daha sabırlı davranıyordu. Tülay ise annesi gibi sabırlı ve hoşgörülü bir yapıya sahip değildi. Daha aceleci ve daha asabiydi... Ayrıca İpek Hanım sadece bir ev kadınıyken, Tülay bankada çalışıyordu. Hem işin hem de evin sorumlulukları nedeniyle daha gergindi; daha tezcanlıydı...

Tülay'ın, annesi gibi olabilmesine ne yapısı ne de yaşantısı müsaitti...

Bazen, olmak istediğimiz bir yapıya sahip olamadığımızdan dolayı "neden ve niçin"lerle kendimizi suçlar, üzülürüz. Ama insanlar yapı ve kişilik olarak birbirlerinden çok farklıdır, kimi daha sabırlı, daha kabullenici, kimi ise daha tezcanlı, daha peşin hükümlüdür. Tüm dünya annelerinin aynı yapıda olmaları beklenemez. Önemli olan, kişinin kendi yapısı dahilinde nasıl davranacağını bilmesidir. İlerdeki bölümlerde bu "nasıl"lara gireceğiz.

"BEN, ANNEM (BABAM) GİBİ OLMAYACAĞIM"

Buna karşılık, kimimizin de çocukluk ve gençlik yılları, evde anne ve babamızla o kadar zor ve olumsuz deneyimlerle yüklüdür ki, "Ben onlar gibi olmayacağım, çocuklarımı farklı büyüteceğim," diyerek annemizin (veya babamızın) tüm davranışlarını olumsuz olarak niteleyip reddederiz:

> "Annemle babam okul başarıma o derece önem veriyorlardı ki, bütün okul yıllarım ders çalışıp çalışmama tartışmalarıyla geçti... Hafta sonu dışarı çıkışlarım, yaz tatillerim hep ders ça-

lışmalarıma göre ayarlanırdı. Düşük not getirdiğimde, evde bir surat, bir öfke... O derece bezdim ki, ben çocuklarımın derslerine hiç karışmayacağım, dedim... Ne yaparlarsa yapsınlar..."

Gülşen Hanım'ın ilk oğlu Ersin, bu tür serbest bir yaklaşımla okulda gerçekten başarılı oldu. Hiçbir sorun çıkmadı. Ancak, Gülşen Hanım, ikinci oğlu Uğur'da büyük sorunlar yaşıyor, Uğur'un okulundan sürekli ikaz ve şikâyet alıyordu. Hatta, ortaokuldayken Uğur'un okulunu değiştirmek zorunda kaldı. Uğur akıllı, hatta zeki bir çocuktu ama okula uyum sağlayamıyor, ders çalışmıyordu. Ayrıca evde de büyük sorun haline gelmiş, evin bütün bireylerini, özellikle Ersin'i çok rahatsız etmeye başlamıştı.

Aslında ikinci çocukta da yapılan, öncekinden farklı değildi. Yaşanan bir deneyim ve davranış tarzı değil, tam aksi bir yaklaşım ve davranış tarzı seçilip uygulanıyor. Anne, ilk çocukta, çocuğun yapısı nedeniyle başarılı oluyorsa da, ikinci çocukta başarısızlığa uğruyor. Bu da annenin kendi yapısı, kişiliği ve aynı zamanda çocuğun yapısı ve kişiliği **düşünülmeden** girişilen bir "alıntı" anne rolüdür. Gülşen Hanım "olmak istediği" anne rolünü oynamaya çalışmış, Uğur'a göstermesi gereken gerçek tepki ve duygularını gösterememiştir.

Yani, Uğur dersini düzenli çalışmadığı, okulda veya evde sorun yarattığı zaman içinde kabaran tedirginlik, kızgınlık hatta kırgınlık duygularını ifade etmeyerek, "çocuğunun derslerine karışmayan, hoşgörülü anne" rolünü oynamıştır. Ancak, önemli olan kızgınlık, tedirginlik veya kırgınlığı ifade etmemek değil, **ifade ederken yapıcı olmak**tır. Buna da ileriki bölümlerde değineceğiz.

"BİZ ÇAĞDAŞ ANNE/BABAYIZ"

Günümüzde anne/babalık üzerine birçok değişik yayın, deneme ve kitap vardır. Ancak bazı anne/baba adayları bu gibi öneri ve tavsiyelere o kadar harfiyen uymaya çalışırlar ki, gerek içgüdüsel tepkilerini, gerek mantık ve sağduyularını, gerekse kişisel duygu ve davranış tarzlarını rafa kaldırıp, kendilerince olunması gereken ideal anne/baba rolünü oynarlar. Bu rolde ne kendi kişisel boyut ve sınırları ne de çocuğun kişilik ve yapısı söz konusudur. Söz konusu olan "neyin yapılması gerektiği"dir. Tabii, bir süre sonra annenin (veya babanın) kişiliği veya yapısı bu oyuna tepki gösterir (sabrı taşar, öfkelenir, bağırır), çocuk ise çelişkili mesajlar aldığından, ne zaman kızılıp ne zaman kızılmayacağını bilemez, evde sorunlar sürüp gider.

"Çocuklar özgür olmalı. Ben çocuğumun evde özgür ve yaratıcı olmasını istiyorum... Öyle misafir odası filan olmayacak. Ev, yaşanmak içindir, çocuk her tarafta oynayabilmeli, koltukların kirlenmesi önemli değil... İsterse duvarları da boyayabilir. Yemek yerken yerleri kirletmesi benim için önemli değil..." diyordu Reyhan Hanım. Ancak bir süre sonra, bütün eve dağılmış oyuncakları toplamak, yerleri sürekli süpürüp silmekten bıkınca, kendini Esra'ya avaz avaz bağırırken buldu. Reyhan Hanım Esra'ya hiç söz geçiremediğini, Esra'nın her istediğini tutturarak yaptırmak istediğini, bir türlü başa çıkamadığını ve sonunda onu, ancak cezalandırarak yola getirebildiğini anlattı.

ALINTI ANNELİK ROLÜ

Reyhan Hanım, 3 yaşında bir çocuğun sınırları bilemeyeceğini sağduyu ve mantıkla öngörebilir, sürekli Esra'nın döktüklerini toplamaktan, sonunda sabrının taşmakta olduğunu hissedip bunu ifade edebilir; kimsenin, kendisinin dahi, oturduğu yeri ve çevresini başkalarının rahatını bozacak şekilde kullanmaya hakkı olmadığını düşünebilir ve sonunda, öteki uç olan cezaya vardıracak aşırı hoşgörülü anne rolüne girmeyebilirdi. Reyhan Hanım, modern annelik uğruna sağduyusunu, içgüdülerini, kendi doğal tepki ve duygularını rafa kaldırmış ve "olmak istediği" alıntı anne rolünü benimsemişti.

Aile içinde çocuklarla oluşan sorunların birçoğu, annenin (veya babanın), tepkilerini, düşünmeden, "başkaları öyle yaptığı için", sağduyusuna ve içinden gelen duygulara kulak vermeden göstermesinden veya duygularını yanlış ifade etmesinden kaynaklanır.

Bu kitap çalışmasıyla varmak istediğimiz amaç, annenin veya babanın kendi değer ve duyguları konusunda bilinçlenmesi, bunları yıkıcı değil de yapıcı bir şekilde ifade edebilmesi, yürürlüğe koyabilmesi, dolayısıyla oluşan sorunlara, yapıcı ve pratik çözümler getirebilmesidir.

Aslında anne/babalık rol gerektirmez, özellikle bilgi ve sorumluluk gerektirir.

Genç anne/baba, doğal olarak, çocuğuna vereceği eğitim ve yaklaşım konusunda deneyimsiz ve güvensizdir. Ailesinden gördüğü geleneksel bazı yaklaşımların olumsuz yönlerini düşünerek bunları kendisi uygulamamaya çalışmakta, ancak tam tersinin de bazen geçerli olmadığını görmektedir. Kısacası, anne uyguladığı yöntemler konusunda çelişkidedir. Çünkü bütün diğer sanat ve meslekler öğrenildiği halde, yaşamın aşağı yukarı 20 yılını kapsayacak anne/babalık mesleğini hiçbir okul öğretmemektedir. Dünün genç Ayşe'si ile genç Ali'si, aniden **Anne Ayşe** ve **Baba Ali** olmuşlardır. Sanki aniden yaşlanmışlardır, aniden sorumlulukları artmıştır ve aynı zamanda bir günden diğerine onlardan beklentiler de farklılaşmıştır; her şeyi bilen, bilmesi gereken, doğru hareket etmesi, yanlış yapmaması gereken **Anne** ve **Baba**... Ayşe ve Ali, anne ve baba rollerini oynamaya başlarlar. Ancak rollerini kimse öğretmemiştir onlara. En geçerli güvence, yine de kendi anne/babalarını veya bir yakınlarını örnek almak ya da okudukları yazı veya kitaplardan esinlenmektir. Ancak bunlar da yeterli olmaz.

Sabır, hoşgörü, sevgi ve aynı zamanda endişeyle dolu anne/baba adayı, gerçek anne/babalığa başlayınca sabrının o kadar da sınırsız olmadığını, hoşgörüsünü zamanla yitirdiğini ve gittikçe istemediği davranış ve tepkileri göstermeye başladığını görür; çocuğunu çok seveceğini zannederken bazen de hiç sevmediğini hisseder ve bütün bunlardan dolayı suçluluk ve huzursuzluk içinde bocalar. Bu huzursuzluk, çocuğa davranışına yansır ve olay bir kısırdöngü içinde yuvarlanır gider.

Bu bocalama ve çelişkilerin temel nedenlerini, kısaca 3 ana başlık altında toplayabiliriz:

1) Eğitim konusunda günümüzün hızla değişen değerleri,
2) Toplumda değişen kadın ve anne imajı,
3) Anne/babalık sanatını öğreten kurumların eksikliği.

GÜNÜMÜZÜN DEĞİŞEN DEĞERLERİ

Günümüzde, psikoloji, pedagoji, sosyal bilimler gibi eğitim dallarındaki sürekli gelişmeler, bu alanlarda yapılmakta olan araştırma ve bulgular, günlük hayatımızda pratik uygulamalara dönüşmekte, özellikle çocuk eğitimi ve gelişmesine sürekli yeni boyutlar ve yöntemler getirmektedir. Örneğin, oyunun bir oyalanma, zaman kaybı veya yaramazlık sayıldığı günler çoktan geçmiş, günümüz psikolojisi, oyunun çocuk gelişmesindeki vazgeçilmez önemini artık kanıtlamıştır.

Bütün bu yeni gelişmeler, çeşitli iletişim araçları (gazete, dergi, TV, kitap, radyo, bilgisayar) aracılığıyla evin içine ulaşmakta ve genç anne/babalar, ailelerinden aldıkları geleneksel eğitim yöntemleriyle yenileri arasında haklı bir bocalama, kararsızlık ve deneme-yanılma süreci yaşamaktadırlar.

TOPLUMDA KADININ VE ANNENİN DEĞİŞEN YERİ

Eğitim alanındaki bu hızlı değişimlere paralel olarak, toplumda kadının rolü de gittikçe farklılaşmaktadır. Geçen neslin dört başı mamur ev kadını ve annesi artık geçerliliğini yitirmekte, günümüz kadını ev kadınlığı ve annelikten başka alanlara da yönelmekte, ilgi duymaktadır veya duyması ondan beklenmektedir. Bu değişimin başlıca etkenleri; ekonomik nedenlerle çalışan kadınlar yüzdesinin artması, eğitimin yaygınlaşması ve genç kızların yükseköğrenime veya mesleğe yönelerek, artık sadece ev kadını ve anne olmakla yetinmemeleridir. Araştırmalara göre eğitim, kadınların toplum içindeki rol ve statülerini önemli ölçüde değiştirebilecek bir araç olarak görülmektedir.[1] İki nesil kadınlarını anne ve kız olarak ele alan araştırma sonuçları,[2] kızların kendilerini "annelerinden daha bağımsız, soğukkanlı, hırslı, gerçekçi ve geniş ilgileri olan insanlar" olarak gördüklerini; annelerin ise kendilerini "daha yumuşak, boyun eğici, fedakâr, şefkatli, sadık, duygusal, aileye yönelik ve titiz" olarak" tanıttıklarını göstermektedir. Toplumumuzda kadının rolünün değişmesinde diğer bir dolaylı etken de, TV ve bilgisayarın evlere kadar girmesiyle, gerek yerli gerekse yabancı film ve dizilerde sergilenen çağdaş ve Batılı kadın imajının yavaş yavaş yer etmesi, benimsenmesi ve kadınlar tarafından rol örneği olarak alınmasıdır.

Eğitimdeki ve kadının rolündeki bu aşamalar, geleneksel Türk annesi rolünde de değişikliklere yol açmaktadır. Yeni eğitim yöntemlerinin önerdiği dost/arkadaş anne kavramı, geleneksel Türk annesi rolüne de yeni boyutlar getirmiş, bir nesil önce geçerli olan saygılı ve mesafeli anne-çocuk ilişkilerine farklı bir yaklaşım tarzı egemen olmuştur. Geleneksel Türk eğitiminde anneye karşı gelemeyen, hatta ona "siz" diye hitap eden dikey (büyükten küçüğe, üstten alta) ve mesafeli ilişkiler, günümüzde gittikçe yataylaşmakta (aynı seviye, yaş farkı yokmuş gibi) ve yeni kuşak anne/babaları, çocuklarına daha yakın ve arkadaşça davranabilmek için söz konusu mesafeyi gittikçe azaltmaya çalışmaktadırlar. Ancak bu henüz oturmamış ve geçiş dönemindeki sistemin yol açtığı bocalamalar, kaçınılmaz sorunları da beraberinde getirmektedir: Anne/babanın otorite mercii olma ile arkadaş olma arasında gidip gelen çelişkili ve tutarsız davranışları, sınır koyamama, söz geçirememe vb.

---

(1) "Kırsal/ Kentsel Kesimde Eğitimin Kadınlar Üzerine Etkisi"–Ferhunde Özbay– *Türk Toplumunda Kadın,* N. Abadan-Unat, 1978.

(2) "Kadınlarda Psiko-Sosyal Değişim; Kuşaklar Arası Bir Karşılaştırma"–Deniz Kandiyoti– *Türk Toplumunda Kadın,* N. Abadan-Unat, 1978.

Sonuç olarak, günümüz anneleri kuşağı, değerler ve "toplumsal geçiş açısından özgün bir aşama sürecindedir."[1] Bunun sonuçları da, doğal olarak, günümüz annesini etkilemekte, annelik ve çocuk yetiştirme yöntemlerine çelişkiler getirmektedir.

ANNE/BABALIK SANATI ÖĞRENİLEBİLİR

Günümüzün değişen değerlerine ve yöntemlerine ayak uydurabilmenin ve çocuğa uygulanacak eğitimi sağlam bir temele oturtmanın en etkin yolu, anne/babalık ve çocuk eğitimi konularında kişinin kendini aydınlatması, eğitmesidir.

Aslında anne/babalık, yeteneklerimiz olsun olmasın, hepimizin, hayatın gidişatı içinde uygulamakta olduğumuz bir meslektir. Hatta bazı meslekler yaşam süresince değiştirilebildiği halde, anne/babalık mesleği, yaşamının aşağı-yukarı 20 yılı, günün 24 saati ve hemen hemen tatilsiz icra edilen bir meslektir. Diğer mesleklerde yetenekler dikkate alınsa da, anne/babalıkta yetenek söz konusu değildir. Diğer meslekler deneme-yanılmayı kaldırabilir, ancak anne/babalık mesleğinde deneme-yanılmaların sonucu ne yazık ki çok ciddidir. Bütün bunlar göz önünde tutulduğunda, anne/babalık mesleğini ciddiye alan, öğreten okul ve kurumların desteklenmesi, hatta okullarda ders olarak okutulması önemlidir. Aslında, anne/babalık, meslekten de öte, bir sanattır.

Ancak anne/babalık sanatı öğrenilebilir. Günümüzde, insan bilimleri, psikoloji, pedagojinin ilerlemesiyle çocuk yetiştirilmesi ve eğitimine daha bilinçli bir bakış açısı gelmiştir. Çağdaş anne/baba, çocuklarının yetişmesinde oynadıkları sorumlu rolün artık bilincindedir. Halen ülkemizde, çocuk eğitimi ve psikolojisi konularında birçok çeşitli yayın, kitap ve dergi bulunmakta, ayrıca TV, radyo gibi kitle iletişim araçlarıyla bu konularda yaygın eğitim yapılmaktadır.

---

(1) "Kadınlarda Psiko-Sosyal Değişim; Kuşaklar Arası Bir Karşılaştırma"–Deniz Kandiyoti– *Türk Toplumunda Kadın*, N. Abadan-Unat 1978.

Bunun yanında, muhtelif grup çalışmaları, okullarda kurulan Rehberlik ve Danışmanlık Servisleri ve eğitsel konferanslar da bu konuda ailelerin aydınlatılması ve eğitilmesine önayak olmaktadır. Grup üyelerimizden bir hanımın belirttiği gibi: "Çocuğumuzu eğitmek ve yetiştirmek, aslında kendimizi eğitmek ve yetiştirmektir."

Bu kitapla amacımız, şimdiye kadar sadece uzmanlarca bilinen etkili iletişim yöntemlerini anne/babalara da ulaştırabilmek, aile-çocuk arasındaki sorunların önemli bir kısmını oluşturan iletişim bozukluklarını ortadan kaldırmaya çalışmaktır. Ayrıca, çocuğun olumsuz, yaramazlık veya söz dinlememe olarak nitelenen davranışlarına değişik bir bakış açısı ve yaklaşım tarzı getirerek, sorunları farklı bir şekilde çözmeye çalışacağız.

2

Çocuğunu Kabul Edebilmek

"BENİ KABUL EDİYOR MUSUN?"

Metin bahçede koşarken yere kapaklandı. Kalktığında elleri ve kolu sıyrılmış, dizi ise kanıyordu. Ağlayarak eve koştu:

"Annnnneeeeeee!"

"N'oldu? Sus ağlama bakiim, erkekler ağlamaz."

"Annnnneeeeeee, çok acıyor..."

"Şimdi geçer, hem sen erkeksin, ayıp ayıp, erkekler ağlar mı?"

"Iıııııhhh, çok acıyor."

"Sulu göz, n'olacak? Ne varmış bunun için ağlayacak?"

Metin ağlamaya devam eder, anne ise Metin susmadığı ve böyle küçük bir olayı büyüttüğü için ona kızar. Metin, annesinin onun acısını anlamamasına içerler, anlamasını sağlamak ve daha çok ilgi çekmek için daha fazla bağırır, anne sinirlenir. Sonuç olarak küçük bir olay, anneyle Metin'in birbirlerine kızmalarına, içermelerine neden olur.

Genellikle anne/babalar çocuklarının duygularını kabul etmezler:

"Ne varmış bunda ağlayacak? İnsan kedi için üzülür mü?"

"Sulu göz! Top kayboldu diye ağlanır mı?"

"Hiç insan kardeşini kıskanır mı? Ne ayıp."

"Aslında sen öyle düşünmüyorsun..."

"Ne varmış korkacak? Senin gibi koca çocuk karanlıktan korkar mı?"

gibi tepkiler verirler.

Üzüntü, korku, kıskançlık gibi acı veren duygular biz büyüklerin de hoşuna gitmediğinden, genellikle yaptığımız, bu duyguları inkâr etmektir. Özellikle çocuklarda bu gibi duyguları algıladığımız zaman, kabul etmekten ve isimlendirmekten korkarız. Çünkü kabul eder veya isimlendirirsek, bunların kalıcı olacağını, çocuğun mutsuz, korkak veya kıskanç olabileceğini düşünürüz. Dolayısıyla reddeder ve inkâr ederiz. Halbuki, bu tür duygular hissetmek, örneğin korkmak, mutlaka korkak olmak demek değildir. Biz de yetişkin olarak bazen karanlıktan, bilinmeyenden korkabilir, tedirgin olabiliriz. Bunun gibi üzülmek de mutlaka mutsuz olmak demek değildir. Üzüntü, yaşamın bir parçası ve her kişinin doğal duygu hakkıdır. O anda kedisi, topu veya arkadaşı için üzülen çocuk, gerçekten üzülüyordur, ancak anlaşıldığını, duygusunun kabul edildiğini hissederse rahatlar, daha kolay teselli bulur. Yaşamda daha büyük ve ciddi üzüntüler var diye çocuğunkini küçümsemek, inkâr etmek haksızlıktır, ayrıca çocuğun anlayamayacağı boyuttur. Çocuğun üzüntüleri, duyguları kendi boyuna göre gerçek ve geçerlidir. Duyulmadığını, anlaşılmadığını gören çocuk, bunu duyurmak için daha aşırıya kaçar, daha çok ağlayarak veya hırçınlık ederek kendini duyurmaya çalışır.

Biz büyükler çocuğun duyguları gibi, algılarına da fazla güvenmez, tepkilerimizi kendi algılarımıza göre ayarlarız:

- ***Komşu ziyaretinde:***

"Anne burası çok sıcak."

"Kızım, hava soğuk, hırkanı çıkarma sakın. Üşürsün."

"Ama anne çok ısındım."

"Üşütür hastalanırsın diyorum. Hırkanı çıkarma demedim mi?"

(Çocuk ağlayarak) "Ama anne burası çok sıcak..."

Sonuç: Anne çocuğu, "Ben sana dediğimi yap demedim mi?" diyerek iyice azarlar. Çocuk, ziyaret boyunca anneyi, "Hırkayı çıkarayım mı?" diye veya başka bir nedenle rahatsız eder, anne de komşuya çocuğunu şikâyet eder ve onun ne kadar laf dinlemez, mızmız olduğunu söyler.

- ***Çocuk ders çalışıyor:***
  "Anne bu problemi anlamadım."
  "Dikkatli okursan anlarsın."
  "Ama anne, okudum, çok zor..."
  "Tembel n'olacak? Aslında biliyorum, dersini yapmak istemiyorsun..."
  "Ama anne..."
  "Ali'ye bak, hiç annesine soruyor mu? Geliyor okuldan, hemen derslerini bitiriyor, sınıfın da en iyi öğrencisi..."

- ***Sofrada:***
  "Anne doydum, fasulyeyi yiyemeyeceğim..."
  "Ama hiçbir şey yemedin ki..." (Çocuk salata ile 2 köfte yemiştir.)
  "Ama anne, karnım çok tok, kahvaltıyı geç ettim."
  "Anlamam, bu kadar az yemekle doymuş olamazsın, fasulyeleri de yiyeceksin..."
  "Ama anne..."

Bütün bu olaylarda neler olduğunun farkında mıyız? Bütün ufak tefek konuşmaların tartışmaya dönüşmesinden başka, annenin çocuğa verdiği mesaj şu:

"... Sen kendi algılarına, duygularına, düşüncelerine inanma, onlar yanlıştır, benimkileri kabul et. Isınmışsan aslında hava soğuktur, ısınmış olmazsın, çünkü ben üşüyorum. Karanlıktan korkacak ne var, ben korkmam ki. Düşmüşsen o kadar ağlama, çünkü ben düşünce ağlamam. Kedi için ağlanır mı? Üzülecek ne var? Kedi işte. Bu kadar yemekle doymuş olmazsın, çünkü ben doymam..."

Şimdi rolleri tersine çevirelim ve sizin için önemli bir kişiyle (eşiniz, anneniz, arkadaşınız) bir ziyarete gittiğinizi düşünün, gittiğiniz yer çok sıcak, siz de kalınca bir gömlek ve üstüne hırka giymişsiniz. Hasta filan da değilsiniz. Hırkayı çıkarmak istiyorsunuz, yanınızdaki kişiye: "Burası çok sıcak, hırkamı çıkarayım," diyorsunuz, o da "Hayır, hava soğuk, hırkanı çıkarma," diyor ve siz neden hırkayı çıkaramadığınızı bir türlü anlamayıp, o sıcak odada havanın soğuk olduğuna inanmaya çalışıp, hasta olacağınızdan endişelenip, yanınızdaki kişinin sizin söz dinlemediğinizden yakınmasını çekmek zorundasınız. Ne hissedersiniz?

Veya, yemekte doymuşsunuzdur ya da o gün iştahınız yoktur. Yanınızdaki kişi hiçbir şey yemediğinizi öne sürerek size zorla istemediğiniz yemekleri yedirmek için baskı yapıyor. (Hatta yemezseniz, tabağınızdakini bitirmeden sofradan kalkmanıza engel oluyor veya eliyle ağzınızı açmaya zorlayarak yemeği kaşık kaşık ağzınıza dolduruyor.) Ne hissedersiniz?

Veya düştünüz, diziniz kanadı, çok acıyor, ağlamaklısınız, ama yanınızdaki kişi, "Hadi canım, o kadar da ağrımamıştır," diye duygu ve algılarınızı inkâr ediyor veya, "Hadi sen de sulu göz," diye sizinle alay ediyor. Ne hissedersiniz.?

Duygularınızı aşağıya sıralayın lütfen:

....

....

....

....

....

....

Genel olarak duyulan hisler şunlardır: Kızgınlık, öfke, içerleme, isyan, nefret, kendini küçük görme, güvensizlik vb...

İşte çocuklar da bizler gibi, hatta daha yoğun olarak aynı duyguları yaşarlar. Çünkü olay sırasında duyduklarını anlatmaya çalışıyorsa da anne/baba ya **duymamakta** ya da **kabul etmemektedir.** Anne/baba çocuğun duygularını inkâr edip, kendi duygu ve düşüncelerini çocuğa kabul ettirmeye çalışmaktadır.

Sonuç: Tartışma, birbirinden uzaklaşma, çocuktan anneye/babaya kızgınlık, içerleme, öfke, anne/babadan çocuğa kızgınlık, içerleme, öfke, bu duyguların ileriki ileşitimlere yansıması.

Bu gibi tartışmalara ve kırgınlığa meydan vermemek için, dikkat edilmesi gereken üç önemli etken vardır:

1) Kendini çocuğun yerine koyarak *(empati)* durumu değerlendirmek.
2) Çocuğun anne/babadan **ayrı** ve **farklı** duyup düşünebileceğini kabul edebilmek.
3) Çocuğun, gelişim süreci içinde (yaşının icabı) bazı davranış ve duyguları bulunabileceğini bilmek ve bunları geçici olarak kabul etmek.

KENDİNİ ÇOCUĞUN YERİNE KOYARAK, DURUMU DEĞERLENDİRMEK

Bu tabii ki kolay bir iş değildir. Buna, "diğerinin ayakkabılarını giyerek" olaya bakmak da diyebiliriz. Yani kendimizi çocuğun durumunda düşünmek, onun duygularını yaşamaya, olaya ve çevreye onun gözüyle, yani onun algılarıyla bakmaya çalışmak. Bunu kavrayabilmek için, şu küçük alıştırmayı yapmaya çalışalım:

Alıştırma

Bir arkadaşınız, komşunuz, eşiniz veya anneniz ayakta dururken, siz yanında dizleriniz üstünde durun, yani başınız, ayakta duran kişinin beline veya göğsüne gelecek şekilde çömelin. O kişiye bulunduğunuz seviyeden bakın, o kişi de size sertçe, kaşlarını çatarak, kollarını kavuşturarak yukarıdan baksın. Bu durumda o kişiye bir duygunuzu açıklamaya çalışın. Örneğin; bu duruştan dizlerinizin ağrıdığını söyleyin, o kişi de size, "Hadi canım, sen de her şeyi abartırsın zaten," desin. Ne hissedersiniz? (Küçük, çaresiz, itilmiş, anlaşılmamış veya kırgınlık, içerleme, öfke, gibi...) İçinizden ne söylemek gelir? Duygularınızı aşağıya yazın lütfen:

....

....

"Sen Benim Yerime Geç de Gör..."

İşte tam bu durumu anlatmak istiyoruz: Bir kişinin duygularını veya durumunu gerçekten anlayabilmek için onun yerine geçmek, kendini onun yerine koymak gerekir.

Bu alıştırma, kendini çocuğun yerine koyabilmenin fiziksel bir şekliydi. Pek tabii ki her olay karşısında aynı şekilde diz çökerek boy farkını yaşayacak değiliz. Ancak çocukların büyüklerle hep yukarıya bakarak konuştuğunu hiç düşündünüz mü? Siz de hep yukarıya bakarak biriyle konuşsaydınız, ne hissederdiniz? Bu konuda bilinçlenmiş kişilerin çocukla konuştukları zaman eğildiklerini, kendilerini çocuğun seviyesine indirerek veya çocuğu kucağına alıp onu kendi seviyesine çıkararak konuştuklarını görürüz. Bu da boy farkını ortadan kaldırmanın, göz göze konuşmanın ve çevreye çocuğun bakış açısıyla bakmaya çalışmanın bir yoludur. Dolayısıyla, çocukla ilgili bir sorun veya durumu çocukla birlikte değerlendirirken, olaya çocuğun bakış açısını anlamaya çalışarak yaklaşmak, yani kendimizi çocuğun yerine koyarak onun duygularını, düşüncelerini algılamaya yönelmek, sorunları halletmek açısından çok faydalı ve yardımcıdır.

Gelin şimdi kendimizi çocuğumuzun (çocuklarımızın) yerine koyabileceğimiz bir durumu yaşayalım:

Kendinizi çocuğunuzun veya çocuklarınızdan birinin yerine koymaya ve onun gözleriyle anneye veya babaya yani kendinize bakmaya çalışın. 1-2 dakikalık bir süre gerçekten çocuk olduğunuzu düşünün. Onun yaşantısını, evdeki durumunu, konumunu, sizinle olan ilişkilerini onun gözleriyle algılamaya çalışın...

Şimdi, çocuğunuzun ağzından anneye veya babaya (yani kendinize) bir mektup yazın. Bunu yaparken çok dürüst ve içten olmaya çalışın. Acaba çocuğunuz size neler söylemek isterdi?

Bu alıştırmayı yapmaktaki amacımız, anneyi ve babayı bir kere de çocuğun tarafına geçirip durumu onun gözleriyle değerlendirmesine yardımcı olmaktır. Bunu içtenlikle yaptıysanız, mektupta hoşlanacağınız şeyler olabileceği gibi, belki de hoşlanmayacağınız, sizde suçluluk, pişmanlık duyguları uyandıran durumlar, istekler bulunabilecektir.

Ancak, çocuğunuzun ağzıyla yazmış olduğunuz bütün istekler, arzular aslında belki de çocuk için o kadar da gerçek ve güncel değildir. Örneğin; çocuğuna, komşusunun kendi çocuğuna aldığı gibi gibi güzel giysiler alamadığı için üzülen, kendini suçlayan anne/ baba, çocuğun aslında bunlara o kadar fazla değer vermediğini de bilmiyordur, yani çocuğun onlarsız da mutlu olabileceğini düşünemiyordur. Bunlar kendisinin kuruntusudur. Bunun gerçek ve güncel olup olmadığını ancak çocuğunuzla konuşarak anlayabilirsiniz, ona sorarak veya ona gerçekten bir mektup yazdırarak... Bazen bizim veremediğimiz için kendimizi suçladığımız şeyler, çocuk için o kadar da önemli olmayabilir. Ayrıca, biz veremediğimizi sanıyorsak da, çocuk aslında onu, başka şekilde veya dolaylı olarak alıyordur;

sevgi, yakınlık, şefkat, gibi... Örneğin; çocuğunun sürekli yanında olup ona şefkatini gösteremediğine üzülen anne, belki de sevgi ve şefkatini bakışları ve davranışlarıyla zaten gösteriyordur ve çocuk da bundan memnundur... **Önemli olan nicelik değil, niteliktir.**

Bazı durumlarda, bizim vermek isteyip de veremediğimiz, çocuğun da almak isteyip de gerçekten alamadığı şeyler vardır: Örneğin; çalışan bir annenin çocuğuna daha fazla zaman ayırmak istemesi, çocuğun da aslında buna ihtiyaç duyması gibi... Ancak, bazı istek ve arzuları karşılamak hayatta gerçekten imkânsızdır. Çalışan bir anne çalışmak zorunda olduğundan, çocuğuna, evde oturan bir anne kadar zaman ayıramaz. Burada önemli olan, bu istek ve arzu yerine getirilemese de, annenin onun farkında olup çocuğuyla bunu paylaşması ("Benimle daha çok birlikte olmak istediğini anlıyorum.") ve yerine getirilemeyeni belki telafi edebilecek başka bir çare bulmaları; veya durumu beraberce saptamaları (örneğin, akşam eve gelince, çocukla beraber yarım saat kitap okuması, konuşması gibi; tekrar **geçirilen zamanın niceliği değil, niteliği...**); kısacası çocukla diyalog kurmasıdır. Bütün bunlara rağmen yine de bazı istek ve arzular yerine getirilemez. Bu da koşullar gereğidir. Bu nedenle kendini sürekli suçlamak ne anneye fayda getirir, ne de çocuğa...

Demek ki, önemli olan diyalogdur. Bu diyaloğu sağlamak ve evdeki sorunları azaltabilmek için **hareket noktası** da olaylara ve duruma, zaman zaman **karşı tarafın gözüyle, algılarıyla bakmak,** kendini karşı tarafın yerine koymaktır.

ÇOCUĞUN AİLE BÜYÜKLERİNDEN FARKLI DUYGULARI, ALGILARI, DÜŞÜNCELERİ OLABİLİR

Bunu kabul edebilmek gerçekten zordur. Ancak çocukların olaylara, biz büyükler gibi koşullanmış, eğitilmiş gözlerle değil de, yepyeni ve çocuksu bir bakışla baktıklarını, duygularının daha katıksız, daha yoğun olduğunu düşünmek, size biraz yardımcı olur mu? Çocuğun farklı bir yapı veya bünyeye sahip olabileceğini kabul edebilmek? Örneğin, anne çabuk üşüyen, soğuğa dayanıksız bir bünyede ise, çocuğun da aynı bünyeye sahip olması kaçınılmaz bir koşul değildir. Bu nedenle, anne üşüdüğü için çocuğunu da aşırı giydirmesi, hem çocuğun yapısına aykırı kötü bir alışkanlığa neden olur, çocuk en küçük bir hava değişikliğinde hemen üşütür, hem de evde sürekli tartışma konusu olur.

Bunu ben de çocuk ve genç kız olarak çok yoğun yaşamıştım. Annem çabuk üşüyen, çabuk hastalanan bir bünyeye sahip olduğundan, hava soğur soğumaz beni kalın mantolarla dolaştırır, bense kolumu dahi kıpırdatmakta zorluk çektiğim bütün bu kalın örtülerden nefret eder, asabileşirdim. Bu durum aramızda sürekli tartışma ve kavga konusuydu ve pek tabii ki her zaman annem kazanırdı. Evlenip ayrı eve geçtiğim zaman, ilk işim mantoları tamamen dolabımdan çıkarıp kışı, kazak ve kısa ceketlerle geçirmeye başlamak oldu. Ancak annemi her ziyaretimde bu konuda tekrar tartışmalar oluyordu. Beni her gördüğünde, 'Üşüyeceksin, mantosuz nasıl dolaşıyorsun?' der, her odada bulunana, bu nedenle beni şikâyet ederdi (yaşım 25). Zamanla anneme gerçekten üşümediğimi, hastalanmadığımı, bünyemin soğuğa daha dayanıklı olduğunu kabul ettirebildim. Tartışmalarımız hemen hemen yok oldu.

Demek oluyor ki, çocuklar da anne/babanın bünyelerini, yapılarını, algılarını, duygularını ve düşüncelerini paylaşmayabilir. Zaten öyle olsaydı, dünya öylesine tekdüze ve durağan olurdu ki…

Sizin de annenizden, babanızdan farklı bünye, algı, duygu tutum ve düşünceleriniz varsa, aşağıya yazın.

	Annemden farklı	**Babamdan farklı**
Bünye/yapı	....	....
Duygu	....	....
Tutum	....	....
Düşünce	....	....

Sonuçlar eğer farklı çıkmışsa, anne veya babamızla kendi aramızda kabul edebildiğimiz bir farklılığı, çocuğumuzla kendi aramızda da kabul edemez miyiz? Çocuğumuz bizden farklı olamaz mı?

Sonuçlar eğer aynı çıkmışsa, biz anne veya babamıza benzemiş olabiliriz. Ancak, bize benzemediği için bir çocuğu kabul etmemek veya eleştirmek haksızlık değil midir? Birini sevmem için bana benzemesi şart mı?

ÇOCUĞUN GELİŞME SÜRECİ İÇİNDE, YAŞI İCABI BAZI DAVRANIŞ, TEPKİ VE DUYGULARI BULUNABİLECEĞİNİ BİLMEK

Biz yetişkin anne/babaların genellikle yaptığı, çocuğu çocuk olarak değil de, hep gelecekteki büyük olarak görmek ve her yaptığını geleceğin çerçevesi içinde değerlendirerek duruma tepki göstermektir.

Emre (3 yaş), oyuncaklarını kesinlikle arkadaşlarıyla paylaşmak istemiyordu. Annesinin tüm ikazlarına rağmen, misafirliğe gelen çocuğa oyuncaklarını vermeyi reddetti. Anne, misafire karşı çok mahcup duruma düşmüştü. Ayrıca Emre'nin çok bencil ve cimri bir çocuk olduğunu düşünerek çok üzüldü. Ne yapacağını şaşırmıştı. Emre'yi bir güzel azarladı ve elinden aldığı birkaç oyuncağı Emre' nin tüm ağlamalarına rağmen misafir çocuğa verdi.

Şimdi bu tür bir olayın bizim başımıza geldiğini düşünelim: Sabah gazetelerimizi almış tam okuyacakken kapı çalınıyor ve kapı komşumuz ziyarete geliyor. "Benim gazetelerim henüz gelmedi. Seninkileri alıp okuyabilir miyim, birazdan getiririm," diyor. Acaba neler hissedersiniz? Gazeteleri hemen vermek ister misiniz? Hemen vermek istemediğiniz için kendinizi bencillik veya cimrilikle mi suçlarsınız?

Şimdi, burada ne yaptık? Önce kendimizi çocuğun yerine koyarak duygularını anlamaya çalıştık. Yani, "Ben olsaydım, ne yapardım? Tam oynamaya hazırlanmışken, biri elimden oyuncağımı alsaydı, kızmaz mıydım? Kızardım. Demek bu bencillik değil, doğal bir duygu..." diye düşünebiliriz.

İkinci yapabileceğimiz şey, çocuğun bazı davranışlarının yaşı icabı doğal olabileceğini bilmektir. Yukarıdaki örnekte, Emre'nin oyuncaklarını paylaşmak istememesini ele alırsak; çocukların paylaşmasını henüz bilmedikleri, bunu hiç istemedikleri, hatta ikili oynamayı dahi bilmedikleri bir yaş devresi olduğunu öğrenmek, belki de anne/babayı daha sabırlı ve hoşgörülü yapacaktır. Bu devrelerde çocukları, bilmedikleri, yapamayacakları bir davranışa zorlamak, yeni doğmuş bir bebeği yürümeye zorlamak gibi bir eğitim anlayışına benzer. Halbuki, bu davranışın çocuğun gelişim sürecinde doğal ve geçici olduğunu bilirsek, çocuğun davranışını kabul eder, onu beklentilerimiz yönünde değiştirmeye o sırada çalışmaz, doğaya ve zamana biraz şans tanır, böylelikle evde sorunları azaltır, çocuğun da özbenliğini korumuş oluruz. (Çocukların gelişme sürecinde gösterebilecekleri doğal davranışlar, sayfa 193'teki Ek'te belirtilmiştir.)

Demek oluyor ki, **çocuk yetişkin değildir,** yetişkin gibi düşünemez, davranamaz; ama **zamanı gelince** öğrenir. Burada 'zamanı gelince' terimi son derece önemlidir. Çocuğun gelişme sürecinde belirli davranışları yapabileceğini, bazılarını da yapamayacağını bilmek, belki de yanlış tepkilere ve aceleci eğitime engel olabilir.

ÇOCUĞUNUZU KABUL EDİYOR MUSUNUZ?

Çocukların bazı davranışlarını, kendi davranışlarımıza benzedikleri için daha fazla kabul ederiz. Bazı anne/baba ise çocuklarının kendilerininkine benzemeyen davranışlarını daha kolay kabul ederler. İki veya daha fazla çocuklu anne/babalar, çocuğun birinde kabul ettikleri bir davranışı diğerinde kabul etmediklerini gözleyebilirler. Bunun nedenleri farklıdır. Bazen çocuğun ilk, ikinci veya

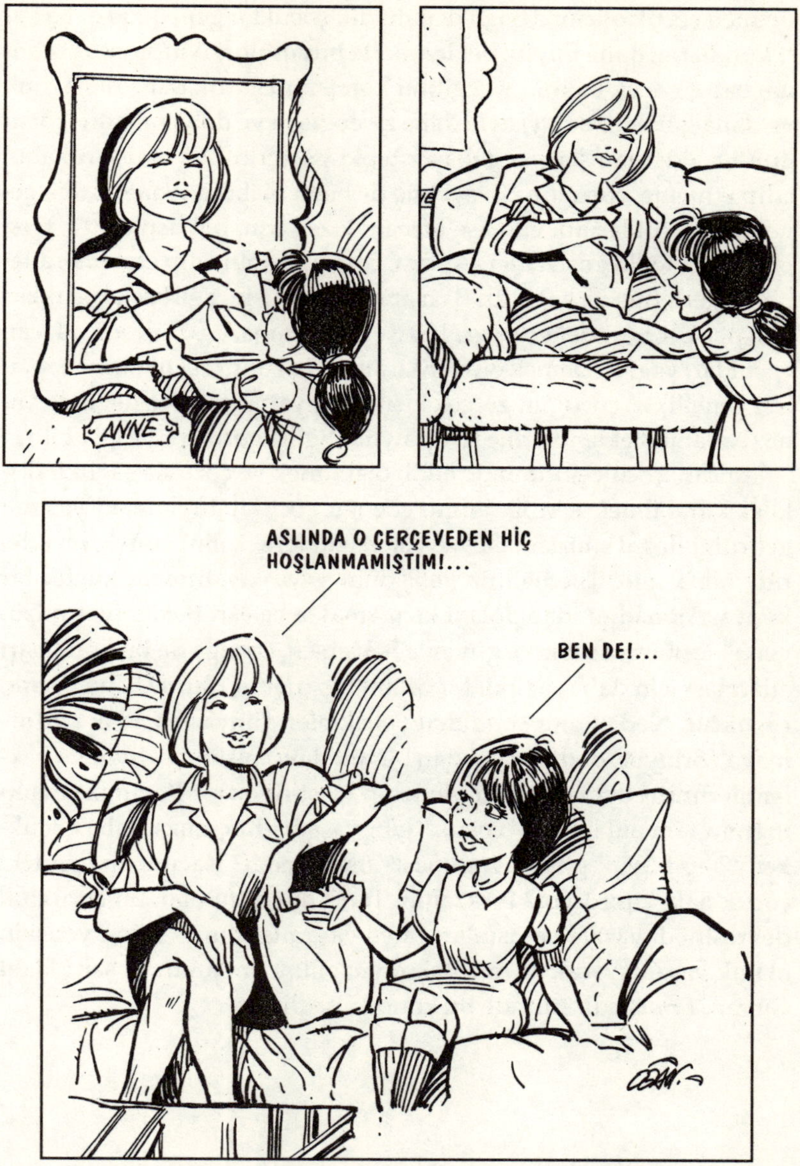

Anne/baba rol çerçevesinden çıkıp insan-insana iletişim kurabiliriz.

üçüncü çocuk oluşuna bağlı olabilir. İlk çocuklar genellikle daha katı kurallarla, daha büyük beklentilerle büyütülür, ikinci çocukta anne/baba, çocuk bakımı ve eğitimi konusunda artık daha deneyimli ve daha güvenli, dolayısıyla daha az endişeli ve daha rahattır; çocuğun bazı davranışlarına daha az tepki gösterir. Davranışları kabul edip etmeme, çocuğun cinsiyetine de bağlı olabilir. Anne/baba, genellikle çocuklarının erkekse afacan, kızsa uslu olmasını ister, tersi olunca da tepki gösterirler. Ayrıca, çocuğu kabul edip etmeme, ailenin değerlerine de bağlıdır. Bazı anne/baba uslu, ağırbaşlı çocukları daha çok sever, değer verir; bazısı ise yaramaz, gürültücü, afacan çocukları yeğler. Demek oluyor ki, anne/babanın çocuklarına tepkileri genellikle, çocuğun gerçek kişiliği ve yapısına göre değil de anne/babanın beklentilerine uyup uymadığına göre ortaya çıkabilir.

Ancak, çocuk eğitiminde etkili olabilmek ve çocukla sağlıklı ilişkiler kurabilmek için ilk adım, çocuğu çocukluğuyla yani yaşının getirdiği doğal sınırlamalar ve yetersizliklerle kabul etmek, ona ileride olmasını düşlediğimiz yetişkinin veya kendimizin küçük bir kopyası olmadığından dolayı kızmamakla başlar. Beklentilerimizin gerçekleşmesini sabır ve güvenle beklersek, çocuğa da bu aşamaları atlatması için daha sağlıklı bir ortam hazırlamış oluruz. Zira **çocuk, çocuktur.** Neden onu şimdiden yetişkinler dünyasına ayak uydurmaya zorluyor, ondan yaşından büyük davranışlar bekliyor ve beklentilerimize uymadığı için de kızıp eleştiriyoruz? Kaçımız çocukluğunu tam anlamıyla "çocuk" gibi yaşadı? Kaçımıza daha çocukken "hep büyük gibi davranması" önerilmedi? Kaçımızın içindeki çocuk hâlâ kıpırdıyor? Bırakalım, Tanrı'nın lütfu olan bu çocukluk devresini doyasıya yaşasınlar, zaten yaşamlarının 3/4'ünü yetişkin olarak yaşamayacaklar mı? Bakın yüzyılımızın tanınmış şairi Halil Cibran, ***Ermiş*** adlı şiirinde bu konuda ne diyor:

"Sizin diye bildiğiniz evlatlar gerçekte sizlerin değildirler.
Onlar kendini özleyen Hayat'ın oğulları ve kızlarıdır.
Sizler aracılığıyla dünyaya gelmişlerdir ama sizden değildirler.
Sizlerin yanındadırlar ama sizlerin malı değildirler.
Onlara sevginizi verebilirsiniz ama düşüncelerinizi asla.
Çünkü onların kendi düşünceleri vardır.
Onların vücutlarını çatabilirsiniz ama canlarını asla.
Çünkü onların canları geleceğin sarayında oturur
ve sizler düşlerinizde bile orayı ziyaret edemezsiniz.
Kendinizi onlara benzetmeye çalışabilirsiniz
ama onları kendinize benzetmeye kalkışmayın hiç.
Çünkü Hayat ne geriye gider ne de geçmişle ilgilenir."

Alıştırma

Bu hafta içinde en az iki kere kendinizi çocuğunuzun yerine koyarak evinize, çocuğun odasına, ev içi yaşantınıza, anneye, babaya (yani kendinize) onun gözleriyle bakmaya çalışın. Acaba evinizde çocuğun hayatı nasıl? Siz kendi çocuğunuz olsaydınız ne düşünürdünüz? Düşüncelerinizi içtenlikle aşağıya yazın.

....

....

....

3

Kabul Edilmez Davranışlara Engel Olmak

"HEP KABUL MÜ EDECEĞİM?"

Şimdiye kadar hep kendimizi ve çocuğumuzu kabul etmekten söz ettik. Sevginin temel taşının **kabul duygusu** olduğunu her ne kadar anlamışsak da, bu kendimizi veya çocuğumuzu sadece kabul edeceğiz, hiç eğitmeyeceğiz anlamına gelmez pek tabii. Çocuğumuzun beğenmediğimiz davranışlarını değiştirmesine yardımcı olmak, ona yol göstermek, yeni davranışlar öğretmek en doğal ve beklenir görevimizdir.

Ancak, bu bölümdeki konumuz nelerin öğretilip nelerin öğretilmeyeceği üzerindeki değer tartışması değildir. Her ailenin kendi inanç ve değerleri, önem verdiği davranış şekilleri ve eğitim görüşü vardır. Bunları da çocuklarına benimsetmek istemeleri çok doğaldır. Konumuz bu değer ve davranışların geçerli olup olmadığı, doğru-yanlış değerler tartışması değildir. Konu, bu değerlerin, davranış tarzlarının **nasıl** öğretildiğidir. Yani, **ne öğretileceği değil, nasıl öğretileceği.** Anne ve babanın, çocuğun beğenilmeyen, hoş görülmeyen davranışlarına **nasıl** tepki gösterdikleri, onu **nasıl** değiştirmeye yöneldikleri veya ona istenilen, beğenilen davranışları **nasıl** öğrettikleridir.

Daha önce de bahsettiğimiz gibi, çoğunluğumuz anne/babalığı kendi evlerimizde gördüklerimizden öğreniriz. Genellikle gösterilen tepkiler, kabul edilmeyen davranışa olumsuz yaklaşımlardır:

- "Neden kardeşine vuruyorsun bakiiim?"
- "Seni kaka çocuk seni."
- "Bir daha dokunursan ellerine cız yaparım."
- "Allah canını alsın."
- "Bir daha böyle yaparsan seni sevmem. Git, benim çocuğum değilsin."
- "Madem ders yapmıyorsun, bu akşam TV yok."
- "Şimdi bir tane vurayım da gör" (vurur).
- "Ben sana öyle yapma demedim mi? Kaç kere söyleyeceğim."

Genellikle anne/baba bu durumu şöyle izah eder:

- "Ben öyle yapmamaya kararlıydım, ama laf dinlemiyor... Başka nasıl durdurabilirim ki?"
- "Yapma oğlum, diyorum, yine yapıyor... Ancak ceza verdiğim zaman yapmıyor. Böylece kısa sürede etkili oluyorum."
- "Güzellikle anlatmak istiyorum, dinlemiyor. Başka nasıl disiplin sağlayabilirim ki?"

Doğru; cezayla, tehditle, dayakla, kızıp bağırmakla kabul edilmez davranışa kısa sürede ve **o an** engel olunabilir. Çocuk korkar, siner, istenmeyen davranışı o an yapmaz, biz de kısa sürede amacımıza erişmiş oluruz, ama o anlık:

- "Ne yapsam fayda etmedi... Cezaya koydum, dövdüm, bağırdım, tehdit ettim, yine yapıyor, yine yapıyor, yine yapıyor..."
- "Bir türlü derse oturtamıyorum. TV seyretmesine engel oldum, öğretmenine söyledim, harçlığını kestim, hiçbir şey fayda etmedi..."
- "Bahçeye inersen ellerini kırarım, dedim. Ben varken inmiyor, ama evde olmadığım gün hemen bahçeye..."

Birçok kişi disiplini ceza ile eşanlamda kullanır. Disiplin ve otorite, çocuk üzerine sanki yalnız bir büyük (bu durumda anne/baba, aile büyüğü, abla, abi) tarafından uygulanması gereken bir kuvvettir. Disiplin sanki, büyüğün çocuğa istediğini zorla yaptırmasıdır:

- "Ben otur demeden derse oturmuyor. Onu derse oturtmak için sürekli ikaz etmek gerek. Başında durmazsam yapmıyor."
- "Bir gün kendi kendine eşyalarını topladığını görmedim. En nihayet harçlığını kesiyorum."

Aşağıdaki türden yaklaşımda, çocuğun kurallara ve davranışlara uyması, **diğer bir büyük** (aile ferdi) **tarafından** çeşitli uyarmalar, ödül ve cezalarla kontrol edilir. Böylelikle uygulamada disiplini uygulayan aile ferdi, evde sürekli kontrol eden bir kişi (polis) rolüne girer:

- "Gözün, çocuğun üstünde olmalı. Hele kız çocuğunu gözden kaçırırsan sonra dövünürsün. Ne yaptığını, nereye gittiğini bilmen lazım."
- "Ben evde olmayınca saat 12'lerde yatıyor..."

Anne/baba sürekli tetikte, sürekli kontrol durumunda, alesta beklemektedir:

- "Emre'nin eve gelir gelmez elini yüzünü yıkayıp derse oturmasını istiyorum. Ben olmazsam yapmıyor. Bu yüzden mecburen işimi bırakıp Emre'nin eve geldiği saatte evde olmaya çalışıyorum."
- "Peşinden koşmazsam banyo yapmak istemiyor. Bu nedenle sürekli kavgalarımız var."

Şu tür disiplinde, çocuğu kontrol için genellikle ödül ve ceza sistemine başvurulur:

- "Kırık not getirirsen hafta sonu evden çıkmak yok."

ÖDÜL

Ödül, bir davranışın yapılması için verilen; haz, keyif verici bir maddi olanak (para, hediye, yiyecek, çiklet, çikolata gibi) veya bir haktır (gezmeye götürmek, TV, video seyretmek, arkadaşıyla oynamak, bahçeye inmek gibi).

Çocuğun istenen, beklenen davranışı yapması için genellikle önceden söz verilir. Çocuk davranışı yapar ve ödülünü hak eder.

Ancak, ödül zamanla çocukta bağımlılık yaratır. Çocuk sadece ödülü almak için istenilen davranışta bulunur, gerçekten o davranışı yapması gerektiğine inandığı için değil:

- "Bugün dersimi çalışırsam, bana istediğim oyuncağı alacaksın değil mi?"

Sürekli ödül almaya alışık çocuk maddiyatçı olur, her yaptığı davranışa bir karşılık bekler:

- "Bugün ıspanak yersem tatlı var mı?"
- "Bugün Aslı ile kavga etmezsem bana ne alacaksın?"

Zamanla ödül çekiciliğini ve etkisini kaybettiğinden, anne/baba bunu değiştirmek, daha etkili bir ödül bulmak zorundadırlar:

- "Eskiden dersini yapınca bir gofret alırdım. Şimdi artık gofret işe yaramıyor."

Ödül, küçük çocuklarda iyi davranış alışkanlıkları geliştirmek için ve ölçülü olarak kullanılmalıdır. **Dikkat edilmesi gereken en önemli nokta, ödülle beraber anne/babanın yapılan davranışı açık bir dille takdir etmesi,** ne kadar beğendiğini belirtmesi, sevincini dile getirmesi ve dolayısıyla beklenen ve yapılan kabul edilen davranışı teşvik etmesidir:

- "Bugün ben söylemeden derse oturup çalıştığına çok sevindim. O çok beğendiğin kalem kutusunu alacağım. Bundan sonra hep ben söylemeden derse oturacağına güveniyorum."

Çocuk eğitiminde takdir ve teşvik, ödülden daha önemlidir. Zira zamanla ödülün etkisi kaybolur, ancak çocuk annesinin takdirini duymak için o davranışı tekrarlar. Dolayısıyla **ödül başlangıçta** ve **ölçülü** olarak kullanılmalı, davranışın devamında artık **yerini takdir, olumlu duygular ve teşviğe bırakmalıdır.**

Siz de çocukluğunuzda (veya son zamanlarda) size söylenmiş bir takdir sözünü hatırlıyor musunuz?

Hangi davranışınızda?

....

Kim takdir etti?

....

Neler hissettiniz?

....

Sizi takdir eden kişiye karşı neler duydunuz?

....

Takdir edilen davranışı tekrar etmek istediniz mi?

....

Genellikle yanıtlar, takdirin ne güçlü bir **davranış tekrarlatıcı** etken olduğunu gösterir.

"Bugün ne kadar güzelsin," diye karşılanan kaçımız, o gün giydiklerini bir daha giymek istemez veya saçını o gün taradığı gibi taramaz? Akşam sofrada, "Yemek çok güzel olmuş," sözleri kaçımızın yorgunluğunu almaz? Bizi daha güzel yemekler yapmaya teşvik etmez? "Bu işi çok iyi başarmışsın, seninle gururlanıyorum," sözleri hangimizi yüreklendirmez, daha iyi çalışmaya sevk etmez? Bir takdir dolu bakış, bir gülümseme bile bazen bütün bir günü mutlu kılmaya yeterlidir, değil mi?

Evet, aslında takdir, anne/babanın çocuğuna verebileceği en büyük ödüldür. Takdir ve teşvik konusunu ileriki bölümlerde daha geniş kapsamlı olarak tartışacağız, ancak takdirin bu bölümdeki yeri **mutlaka** ödülün yanındadır. Takdirsiz bir ödül, bazen çocuk için anlamsız olur, çocuk hangi kabul gören davranışı için ödüllendirildiğini bilemez ve dolayısıyla ödül de eğitsel etkisini kaybeder. Bu nedenle, ödülü verirken hangi davranışı için çocuğun bu ödülü hak ettiğini açık bir dille belirtmek ve davranışını takdir etmek çok önemlidir.

CEZA

Ceza, bir davranışın tekrar edilmemesi için uygulanan üzüntü ve acı verici bir yöntemdir (dayak, odaya kapatma, mahrum etme) veya çocuktan alınan bir haktır (harçlığını kesme, arkadaşlarıyla görüşmesine engel olma gibi).

Ceza, çocuk istenmeyen davranışta bulunduğu zaman uygulanır veya uygulanacağı tehdidinde bulunulur:

- "Karnende kırık not olursa eve gelme."
- "Bir daha öğretmenden şikâyet duyarsam harçlığını keseceğim."

Ceza, çocukta korku yaratır. Çocuk, davranışı yapmak istemediğinden (yapmaması gerektiğini anladığından) değil de, cezadan korktuğu için yapmaz:

- "Bir daha ellersen, bu sefer kötü döveceğim."

Ancak, ceza da ödül gibi zamanla etkisini kaybeder. Çocuk cezaya alışır, hafta sonu dışarı çıkmamak bir süre sonra onu etkilemez ve istenmeyen davranışı devam eder:

- "Geçen yıl ders çalışmayınca TV seyretmesine engel oluyordum. Bu yıl TV'ye olan ilgisi bitti. Bilgisayara merak saldı. Ona da engel olamam ya. Bu sefer bilgisayar için ders çalışmıyor."

Çocuk cezadan kaçabilmek için yalan söyler:

- "Kötü not alınca, arkadaşlarıyla hafta sonu buluşmasına engel oluyoruz. Bu sefer kursa gideceğine arkadaşlarıyla buluştuğunu öğrendik. Ne yapacağımızı şaşırdık..."

Ödül gibi, cezayla uygulanan disiplinde de, anne/baba cezayı sürekli değiştirmek, yenilemek zorundadır:

- "Harçlığını kesiyorum. Bu sefer gidip anneannesinden para istiyormuş... Ne ceza vereceğimi şaşırdım."
- "Eskiden bir güzel döverdim. Şimdi büyüdü. Bu yaşta oğlana nasıl vurayım?"

"Peki, ceza vermezsek ne yapabiliriz? Çocuğu istediğimiz davranışa nasıl yönlendirebiliriz?" diyeceksiniz. Gelin önce yine kendimize dönük bir hatırlama alıştırması yapalım:

Çocukluğunuzda yapmış olduğunuz bir davranıştan dolayı cezalandırıldığınız bir olayı hatırlıyor musunuz?

Kim, nasıl cezalandırdı?

....

Neler hissettiniz?

....

Sizi cezalandıran kişiye karşı neler duydunuz?

....

Cezalandırılan davranışı tekrar etmek istediniz mi veya ne yaptınız?

....

Annelerle bu konuda yaptığımız söyleşilerden alınan bazı yanıtlar şöyle olmuştur:

- "O kadar kızmıştım ki, hatırlıyorum, 'Tekrar yapacağım, muhakkak yapacağım veya onları çok kızdıracak başka bir şey yapmam lazım,' diye planlar yapıyordum."
- "Kardeşimle oynamadığım için annem beni çok kötü cezalandırdı, iki gün bahçeye inmeme engel oldu. O kadar içerlemiştim ki, gidip annemin, en sevdiği kolyesini sakladım. Uzun süre aradı. Kaybettiğini sanıyordu..."
- "Haklılar diye düşünüyordum o zamanlar. Ben kötü bir kızım, cezalandırılmayı hak ettim. Hiçbir şeye hakkım yok, ölsem daha iyi."

Cezayla uygulanan disiplin şekillerinde, genellikle çocuk tarafından hissedilen, yaşanan duygular; kızgınlık, nefret, intikam, karşı koyma, suçluluk, güvensizlik, kendine acıma gibi olumsuz duygulardır.

Tanınmış çocuk psikiyatristi Dr. H. Ginott'a göre, cezayla yürütülen eğitim, zamanla işlevini kaybeder; zira "çocuk yaptığına pişman olacağına ve suçunu telafi etmesini öğreneceğine, intikam hayallerine yönelir". Çocuğun odaklandığı nokta, artık işlenen suç veya kabul edilmeyen davranışın neticeleri değil, o anın getirdiği duygulardır. Dolayısıyla ceza vererek, çocuğun kendi kabul edilmez davranışıyla yüzleşmesine, davranışının neticelerini düşünmesine engel olmaktayız. Sevgi ve ilgiyle yürütülen bir anne/çocuk ilişkisinde cezanın yeri yoktur, ancak çocuk kabul edilmez davranışın sonuçlarını yaşar. Örneğin birçok ikaza rağmen duvarı çizmeye, boyamaya devam eden çocuğa boyaları nasıl sileceği gösterilir ve silmesi istenir. Silmezse, boyaları bir süre elinden alınabilir. Veya ikazlara rağmen dersini yapmayan çocuğun kötü not alıp olumsuz sonuç ve duygularını yaşamasına bir kere müsaade edilir. Ancak, buraya varmadan evvel, işe yarayacak farklı yaklaşımlar vardır. Bu yaklaşımları toplu olarak sizlere sunmadan evvel, sizlerin bu konudaki yaratıcı fikir ve düşüncelerinize yer vermek istiyoruz:

1) Çocuğunuz, bütün ikazlarınıza rağmen oyuncaklarını sürekli oturma odasına getirerek oynuyor, sonra da orada unutuyor. Bu olay pek tabii günde 5-6 kere tekrarlanınca iyice kızmaya başladınız. Aklınıza ilk gelen şey oyuncakları ortadan kaldırmak. Ama ondan önce neler yapabilirsiniz?

....

....

....

2) Kızınız size sormadan dolabınızdan kazaklarınızı alıp giyiyor, sonra da ya aradığınız zaman bulamıyorsunuz veya bulduğunuzda lekeli, kirli oluyor. Bu durum pek tabii sizi çok kızdırıyor. Kaç kere ikaz ettiğiniz halde yine tekrarladı. Cezadan evvel ne yapardınız?

....

....

....

Aslında insan biraz düşünür ve bir hal çaresi bulmaya gerçekten zaman ayırırsa, öyle beklenmedik, yaratıcı ve güzel yöntemler çıkıyor ki... Annelerden şöyle değişik fikirler aldık:

- "Oturma odası daha büyük ve aydınlık olduğu için çocuğun orada oynamak istediğini anladım. Ona bir köşede bir kilim hazırladım. Oyuncaklarını kilimin üzerine koyuyoruz, orada oynuyor. Misafirim geleceği zaman da kilimi olduğu gibi toplayıp odasına götürüyorum. O şekilde anlaştık."
- "Öğle uykusuna kadar oturma odasında oynamasına müsaade ediyorum. Uykuya yatmadan önce büyük bir sepete oyuncakları topluyoruz. Odasına götürüyoruz. Öğleden sonra zaten dışarı çıktığımız için sorun olmuyor."
- "Yemek masasının üzerine uzun bir örtü serdim, altında evcilik oynuyor, ben de oyuncakları görmüyorum."
- "Kızımın dolabına, çok görülür bir şekilde ve renkli kalemlerle, 'Lütfen kazaklarımı temiz kullan ve işin bitince yerine koy,' diye bir kâğıt astım. Çok hoşuna gitti. O zamandan beri dikkat ediyor."
- "Başa çıkamayınca, ben de onun kazaklarını kullanmaya başladım. Böylece benim de giysi çeşidim arttı. Yalnız temiz kullanmak konusunda karşılıklı anlaşmaya vardık."

Bütün bu yanıtlarda iyi niyet ve önceden tedbir var, değil mi? Keşke bütün sorunlarımıza önceden tedbir alarak ve planlayarak engel olabilseydik...

Ancak bütün iyi niyetimize rağmen, soruna engel olabilecek ne vaktimiz, ne de enerjimiz kalmadığı zamanlar için ceza yerine kullanılabilecek birkaç yöntem sunuyoruz sizlere... Bunları, çocuk davranışı yapmadan **önce**, sorun olan davranış **sırasında** ve sorun olan davranıştan **sonra** olmak üzere üç bölümde inceleyeceğiz.

KABUL EDİLMEYEN DAVRANIŞLARA CEZASIZ NASIL ENGEL OLABİLİRİZ?

A – *Sorun Olan Davranıştan Önce*

1) Önleyici açıklama: Evde konuşurken, beklentileri davranıştan önce açıklama:

- "Salonun her zaman temiz olmasını istiyorum. Oyuncaklarını oraya getirdiğin zaman çok dağınık oluyor, misafir geldiğinde de mahcup oluyorum. Nasıl yapsak dersin?"
- "Sokağa çıktığımızda bir şeyin alınması için ağladığın zaman çok sinirleniyorum. O zaman seninle çıkmak artık keyifli olmuyor. Sokakta benden bir şey isteme, anlaştık mı?"
- "Kazaklarımın temiz olması benim için çok önemli. Bir de aradığım zaman dolabımda bulmalıyım. Bu konuya dikkat edersen arada bir alabilirsin."
- "Gece sütünü içtikten sonra beni bir daha çağırma, olur mu?" (2 yaş için)

2) Çevreyi değiştirme: Çocuğa kızmamak için ön tedbir alma:

- Annenin dağınıklığı görüp de sinirlenmemesi için oturma odasında bir oyun köşesi hazırlaması (bir evvelki oyuncak örneği için).
- Annenin kızının dolabına yazılı uyarı asması veya kazakları beraberce kullanmaları (bir önceki kazak sorununda).
- Çocuk akşamları zor yemek yiyorsa (o saatte yorgun olabilir), yemek yemiyor diye kızacağınıza, yemek saatini daha öne alabilir veya çocuğa daha önce yemek verebilirsiniz.
- Küçük kardeş büyüğü ders saatlerinde rahatsız ediyorsa, büyüğün ders yaptığı saatte küçüğe özel bir oyalayıcı bulmak (komşuya küçükle gitmek, alışverişi küçükle birlikte o saate bırakmak, o saatte verilmek üzere küçüğe özel boya, kâğıt, yuvarlak uçlu makas vermek, küçüğü mutfakta anneye yardıma çağırıp eğlenmesi için bir iki kapta mercimek, kuru fasulye vermek gibi).

Olay sırasında kızacağınıza...

Sorun sırasında verilmek istenen eğitim genellikle etkili olmaz.

Önceden önlem alın.

Sorun yokken veya sorun çıkmadan önce önlem alıp beklentilerin açıklanması soruna engel olur.

Sorun yaşamamak için...

Akşam geç saatte sofrada düzgün yemek yemek küçük çocuklar için çok zordur.

Yöntem değiştirin.

Bazı sorunlara çevreyi değiştirerek çözüm bulabiliriz.

- Çocuğun özellikle yiyemediği bir yemek (örneğin ıspanak) varsa, bir müddet o yemek için zorlamamak veya değişik bir şekilde sunmak (ıspanak böreği, ıspanak dolması gibi).

3) Örnek olma: Çocuktan beklenen davranışlara örnek olma:

- "Ben sana küfür etme demedim mi, geri zekâlı," diyen anne, herhalde pek inandırıcı olmaz.
- "Niye kardeşine vuruyorsun? Gel bakalım buraya, uzat elini..." deyip vuran baba da pek inandırıcı olmaz.

Dolayısıyla anne/baba çocuklarından bekledikleri davranışlara öncelikle kendileri örnek olmalıdırlar. Çocuklar öğrendiklerinin çok büyük bir kısmını taklit ederek öğrenirler. Örneğin, anne/baba düzenli olmaya önem veriyorsa, kendi de evinde düzenli olmalı; dakikliğe önem veriyorsa, kendi de dakik olmalı; sözünü tutmaya önem veriyorsa, kendi de sözünü daima tutmalıdır.

4) Çocuğun iyi alışkanlıklar geliştirmesine yardımcı olma: Çocuklar kendilerinden beklenen davranışların neler olduğunu ve bunların nasıl yapılacağını büyük çoğunlukla bilemezler. "Odanı topla," dediğimiz küçük çocuk, odasını nasıl toplayacağını bilmez:

- "Odan çok dağılmış, gel beraber toplayalım, bak kitapları şu rafa kaldıralım, arabalarını da şu tarafa yerleştirelim, şu köşe de kutulu oyuncakların yeri olsun, diyerek bir-iki kere ona bunu yapmasında yardımcı olmak, çocuğa neyi nasıl yapacağını gösterir ve onda bir alışkanlığın başlangıcı olur.

Ders alışkanlığı: Çocuk okuldan gelince, "Gel, elimizi yüzümüzü yıkayalım, sana kahvaltını hazırladım, sonra derse oturursun," diyerek yol gösteren anne; çocuk ders yaparken **gerekiyorsa kısa bir müddet için** (burada **kısa bir müddet** çok önemlidir, yoksa çocukta sürekli anne yanındayken ders yapma alışkanlığı gelişir) dersi nasıl yapacağını gösterebilir.

Üstbaş alışkanlığı: "Gel gömleğini pantolonunun içine sokalım, burnunu da silelim, ne güzel çocuk oldun şimdi..."

Eleştirinizde haklı olmak için...

Örnek olun.

Eğitimin inandırıcı olması için öncelikle örnek olmalıyız.

Yapmalarını istemiyorsanız...

Siz de yapmayın.

Çocuklar, yaptıklarının büyük bir kısmını taklitle öğrenirler.

Temizlik alışkanlığı: "Yemeğe oturmadan eller yıkanmalı... Gel beraber elimizi yıkayalım. Ellerimiz ne güzel oldu, değil mi?"

Ve bütün bunlardan daha önemli unsur, TAKDİR, TAKDİR, TAKDİR. Beğendiğiniz her güzel, **kabul edilir her davranışı takdir etmek, onun tekrar edilmesi için vazgeçilmez bir etkendir.** "Bugün ben hatırlatmadan elini yüzünü yıkayıp derse oturdun. Öyle memnun oldum ki. Artık büyük çocuk olduğunu anladım.", "Bu sefer hem kazağımı çok temiz kullanmışsın, hem de yerine koymuşsun. Çok hoşuma gitti.", "Odanı çok güzel toplamışsın, neredeyse tanıyamayacaktım."

Bu yöntemler çocuğa kızmamak, cezalandırmamak için önceden alınabilecek önlemlerdir.

B – ***Sorun Olan Davranış Sırasında***

5) **Kabul edilmeyen davranışın nedenini düşünme:** Çocuk kabul edilmez davranıyorsa, yaramazlıktan başka nedenleri de olabilir.

- Yemek yemiyorsa, nedenini düşünmek gerekir. Belki çok yorgundur, uykusuzdur veya bir hastalık başlangıcı söz konusudur, çocuğun iştahı kesilmiştir veya bir başka derdi vardır. Örneğin anneye kızgındır, mahsus yapıyor. O anda davranışı zorla yaptıracağınıza (zorla yemek yedirmek) nedenlerini düşünüp çocukla konuşun: "Bugün pek iştahın yok sanki. Bir derdin mi var? Bana mı kızdın?"
- Sürekli kardeşinin odasında oynuyor, onun eşyalarını alıyorsa nedeni kıskançlık olabilir. Çocuğa bu durumda ceza vermek veya kızmak, olayı daha sorun haline getirir. Böyle bir durumda, çocuğa özel ilgi ve şefkat göstermek, sorunu mümkünse konuşmak, "Belki de kardeşini daha çok sevdiğimi zannediyorsun, onu kıskanıyorsun," şeklinde duygularını kabul etmek, çocuğu rahatlatabilir.
- Gece sürekli anne/babanın yatağına gelen çocuğun sorununun kaynağı korkudan başka nedenlere dayanabilir. Çocuk anneyi

fazla görmüyorsa yakınlık, beraberlik sağlamak istiyordur; odasında yalnız yatmaktan hoşlanmıyorsa yanına sevdiği bir oyuncağını vermek, annenin beraber yatmaktan rahatsız olduğunu, uyuyamadığını açık bir dille anlatmak, ancak gündüz saatlerinde çocuğun özlediği beraberliği sağlamak (beraber kitap okumak, bir yere gezmeye gitmek, konuşmak) genellikle yardımcı olur.

Aslında çocuklar laf olsun diye kabul edilmez davranışlarda bulunmazlar. İyice bakıldığı zaman, bunun arkasında giderilmemiş bir ihtiyaç olduğu görülür. Onun nedenini düşünerek çocuğa yardımcı olmak, hem sorunu daha etkili bir şekilde halletmeye, hem de anne/çocuk ilişkisini zedelemeden güzel bir düzeyde korumaya yardımcı olur. Bu gibi durumlarda, çocuğa kızmak, bağırmak, cezalandırmak sorunu halledeceğine, onu daha büyük ve önemli hale getirir. Örneğin anneye içerlediği için yemek yemeyen çocuğa kızıp bağırmak, anneye daha çok içerlemesine neden olur. Kardeşinin eşyalarını alan çocuğa kızmak, cezalandırmak, onun daha fazla itilmesine, kardeşini kıskanmasına neden olur. Aynı şekilde, anneyle yakınlık sağlamak için odaya gelen çocuğa engel olmak için kapıyı kilitlemek, darılmak, çocuğun gereksinimini daha büyük, daha önemli kılar.

Ancak, burada dikkat edilmesi gereken çok önemli bir nokta, anne/babanın nedenleri düşünürken çocuğa danışması, onunla fikir birliğine varmasıdır. Çünkü, daha evvel de söylediğimiz gibi, çocuklar bizden farklı yapı ve düşüncede olabilirler ve anne/babanın neden sandığı nedenler çocuk için geçerli ve gerçek olmayabilir. Örnek: Gece yatağa gitmek istemeyen çocuğun karanlıktan korktuğunu zanneden anne/baba, aslında çocuğun ilgi beklediğini gözden kaçırabilir.

6) Alternatif sunma: Kabul edilmez davranışın yerine, yapabileceği, kabul edilir bir davranışı göstermek, yani sadece 'yapma' dememek, onun yerine neyi yapmasını beklediğinizi açıklamak veya seçim yapması için yol göstermek:

- Giysi dolaplarını karıştırıyorsa, oynayabileceği, giyerek eğlenceceği birkaç eski giysi vermek;
- Markette her şeyi elliyorsa, satın almak istediğiniz eşyaları, yiyecekleri ona gösterip, onun sepete koymasına müsaade etmek;
- Ağabeyinin, ablasının defter ve kalemlerini elliyorsa, ona da bir defter, kalem vermek;
- Ne yapacağını bilememekten veya can sıkıntısından sürekli aile bireyini rahatsız ediyorsa, 'yapma' diyeceğine, yapabileceği birkaç seçenek göstermek, örneğin; bir oyun hamuru hazırlayıp oynaması için vermek, o saatler için saklanan özel oyuncaklardan birini vermek, aile bireyine yardımcı olmasına müsaade etmek (5 yaşından itibaren çocuklar masa kurmak, halıyı ufak gırgır süpürgesiyle süpürmek, çiçekleri sulamak, karşıdan karşıya geçmek sorunu yoksa ve bakkal yakınsa, alışveriş etmek gibi küçük görevleri zevkle yerine getirirler).
- Oyuncaklarını salona getiriyorsa, salonda anneyle beraberken oynayabileceği bir köşe göstermek.

7) Anne/babanın duygularını belirtmesi: Annenin, kabul edilmez davranıştan dolayı duyduğu olumsuz **duyguları** ve **olumsuz etkiyi** belirtmesi (bu kızmak, beddua etmek, bağırmak, küfretmek anlamına gelmez). Duygularını ifade etmek kişiyi rahatlatır, sakinleştirir ve aynı zamanda kızgınlığını biriktirmesine engel olur. Ayrıca, çocuk kabul edilmez davranışının karşı taraf üzerinde bıraktığı olumsuz **etkiyi** anlamış olur.

- "Oyuncaklarını salonun ortasında bıraktığın zaman sürekli toplamam gerekiyor ve yoruluyorum **(etki)** ve hele ben topladıktan sora tekrar getirdiğinde, bu sefer de kızıyorum artık **(duygu).** Buna bir çare bulmalıyız."
- "Kazaklarımı giymek istediğim zaman yerinde bulamayınca çok sinirleniyorum **(duygu),** üstelik senin dolabında hem de kirli olarak bulunca da felaket kızıyorum **(duygu)** ve istediğim kazağı da o gün giyemiyorum **(etki).** Bayağı içerliyorum bu olaya..."
- "Ben evde yokken dersini yapmadığın zaman çok içerliyorum

(duygu), bu hem benim sokağa çıkmama engel oluyor, hem de sana güvenim azalıyor **(etkiler).**" (Bu konuda daha fazla bilgi, Bölüm 7'de sunulmuştur.)

Bunlar, sorun olan davranış sırasında yapılan yardımcı yaklaşımlardır.

C – *Sorun Olan Davranıştan Sonra*

8) **Etkileri göstererek pişmanlık duyurma:** Çocuk kabul edilmez davranışının sonucunda ortaya çıkan zararın ne olduğunu görmeye başlamalıdır. Bu şekilde çocuk, çevresi ve diğer kişiler hakkında yavaş yavaş bilinçlenir, sebep/sonuç (yani bu davranış böyle bir sonuç doğurur, gibi) ilişkisini kurar ve davranışının başkalarında yaratabileceği etkileri ve tepkileri öğrenir. Başkasının üzüntüsüne, rahatsızlığına ve acısına sebep olduğu düşüncesi, çocuğu yaptığı davranıştan ötürü kendini suçlu hissetmeye ve pişmanlık duymaya yöneltir. Böylelikle çocuk iç-denetim (vicdan) geliştirmeye başlar.

- "Bütün ikazlarıma rağmen yine kazaklarımı giyip kirletmişsin. Bugün tam sokağa çıkacakken mavi kazağımı giymek istedim, baktım ki sende ve kirli. O sırada acele giyinmekte güçlük çektim ve sonunda gideceğim yere de geç kaldım. Bu durumda hem çok sinirleniyorum, gittiğim yere de sinirli gidiyorum, hem de sana kızıyorum ve güvenim azalıyor."
- "Anlaşmamıza rağmen oyuncaklarını yine salonun ortasına getirmişsin. Bunları bu saatte toplamak beni çok yoruyor ve belim ağrıyor. Ayrıca da misafir neredeyse gelecek diye telaşlanıyorum ve sinirleniyorum. Anlaşmamızı bozduğun için de sana güvenmiyorum artık..."

9) **Çocuğun kabul edilmez davranışının sonuçlarını yaşamasına müsaade etme:** Bütün yaklaşım ve ikazlara rağmen, çocuk kabul edilmez davranışta ısrar ederse, davranışının sonuçlarını artık yaşamalıdır. Ancak bu, **suçla aynı anlamda ve eşit ağırlıkta ol-**

Suçlayacağınıza...

İyi alışkanlıklar, çocuğa yalnızca "yap" demekle yerleşmez.

Yol gösterin.

İyi alışkanlıkların yerleşmesi için çocuğa yol gösterip yardımcı olmak gerekir.

Kızacağınıza...

Yalnızca "yapma" demek soruna engel olmaz, hatta sorunu büyütür.

Alternatif sunun.

"Yapma" demek yerine, çocuğa bir alternatif sunmak soruna engel olabilir.

Azarlayacağınıza... *Kırmadan açıklayın.*

Karşı tarafı suçlayarak sarf edilen sözler dinlenmez, savunuculuk ve kırgınlık yaratır.

Karşı tarafı kırmadan, suçlamadan açıklanan kişisel duygular daha çok duyulur, daha etkili olur.

malıdır. Örneğin, bütün ikazlara rağmen salonda top oynamaya devam eden çocuğun topu, bir süre için elinden alınır veya annesinin kazaklarını sürekli giyip kirleten genç kıza, artık kazakları giymesi yasaklanır veya kazağı kendi yıkaması veya temizleyiciye kendi götürüp, kendi alması ve temizleyici bedelini haftalığından karşılaması gibi zararı telafi edici bir yöntem uygulanır. Şöyle ki, **uygulanan yöntem, suçu, kabul edilmez davranışı hatırlatmalıdır. Çocuk, kabul edilmez davranışının olumsuz sonucunu yaşarken, davranışı üzerinde düşünebilmelidir.** Örneğin, ikazlara rağmen duvarı boyayan çocuğun duvarı silmesi, böylelikle annesine gereksiz yere iş çıkartmaması istenir. Çocuk duvarı silerken hem kabul edilmez davranışı üzerine düşünebilir, hem de davranışını düzeltmek için ona bir imkân tanınarak suçunu telafi etmesi, kendini affettirmesi ve ileride suçluluk duyguları duymaması sağlanır.

Alıştırma

Bu hafta, kabul edilmez davranışlara ceza vermek yerine kullanabileceğiniz bir-iki tedbir veya yöntem düşünün. Çocuğunuzun sizi en çok sinirlendiren kabul edilmez iki davranışını aşağıya sıralayın. Bu davranışlara, ceza ve bağırmaktan başka hangi yöntemle engel olabileceğinizi düşünün.

Kabul edilmez davranış nedir?

1. ....

....

2. ....

....

Hangi yöntemleri kullanabilirsiniz?

....

....

Kullandığınız yöntemlere çocuğunuzun tepkisi nasıl oldu?

....

....

Hatırlatma...

Kabul Edilmez Davranışlara Cezasız Nasıl Engel Olabiliriz?

A) Sorun olan davranıştan önce:

1) Önleyici açıklamada bulunma; beklentilerin açık dille önceden çocuğa söylenmesi,
2) Çevreyi değiştirme; çevrenin çocuğa uygun hale getirilmesi,
3) Örnek olma; beklenen davranışlara anne/babanın örnek olması,
4) Çocuğun iyi alışkanlıklar geliştirmesine yardımcı olma; yol gösterme ve yaptığı zaman takdir etme.

B) Sorun olan davranış sırasında:

5) Kabul edilmez davranışın nedenini düşünme,
6) Yapıcı bir çözüm yolu, alternatif gösterme,
7) Ailenin bireyi olarak duygularını ve kabul edilmez davranışın kendi üzerindeki etkilerini açıklama,

C) Sorun olan davranıştan sonra:

8) Kabul edilmez davranışın etkilerini göstererek pişmanlık duymasını sağlama,
9) Çocuğun, kabul edilmez davranışının sonuçlarını yaşamasına müsaade etme.

İnsan İlişkilerinde İnancım

Seninle aramda, benim için önemli olan ve sürdürmek istediğim bir ilişki var. Bununla beraber, her ikimiz de kendine özgü gereksinimlere sahip ve bu gereksinimleri karşılama hakkı olan farklı kişileriz...

Gereksinimlerini karşılarken bir sorunla karşılaştığında, sorununu kabul edici bir tutumla dinleyeceğim ve böylelikle senin, benim çözümlerime güvenmek yerine, kendi çözümlerini geliştirmene yardımcı olacağım. Ayrıca, kendi inançlarını seçme ve kendi değerlerini geliştirme hakkına saygı gösterip bunların benimkilerden farklı olabileceğini kabul edeceğim.

Diğer taraftan, senin bir davranışın benim kendi gereksinimlerimi karşılamak için yapmam gerekenlere ters düşerse, açıkça ve dürüstçe davranışının beni nasıl etkilediğini söyleyip, senin de benim gereksinim ve duygularıma yeterince saygı duyacağına ve bence kabul edilmez olan davranışını değiştirmeye çalışacağına inanıyorum. Benim de bir davranışım senin için kabul edilmez olduğunda, senin de açıkça ve dürüstçe bunu söyleyeceğini ve bana bu davranışımı değiştirmeye çalışmam için fırsat vereceğini umuyorum.

Her ikimizin de diğerinin gereksinimini karşılamak için değişemeyeceğini fark ettiğimiz durumlarda, bir çatışma içinde olduğumuzu kabul edip, bu çatışmaları çözmeye çalışalım. Bunu yaparken de diğer kişinin kaybetmesi pahasına kazanmak için güç ya da otorite kullanmamaya karar verelim. Senin gereksinimlerine saygı duyuyorum ama kendi gereksinimlerime de saygı duymam gerekir. Dolayısıyla her zaman her ikimiz için de kabul edilebilir bir çözüm bulmaya çalışalım. Böylece senin gereksinimlerin de karşılanır benimkiler de; kimse kaybetmez, herkes kazanır.

Bu yolla hem sen gereksinimlerini karşılayıp kişi olarak gelişmeye devam edersin hem de ben. Böylece sağlıklı bir ilişki içinde, her ikimiz de olabileceğimiz kişiler olma çabalarımızı sürdürürüz. İlişkimiz karşılıklı saygı, sevgi ve barış havası içinde devam eder.

Dr. Thomas Gordon

4

Nasıl Bir Disiplin?

DİSİPLİN NEDİR?

"Evde katı bir disiplinin olması şart. Yoksa insanın tepesine çıkarlar...", "Kesinlikle söz geçiremiyorum. Bir türlü disiplin kuramadım.", "Ne kadar uğraşsam, akşam yatmaları kâbus gibi...", "Disiplin yoksa hiçbir şey yürümez...", "Hiç derse oturmuyor.". Bu gibi tartışma, konuşma ve yakınmaları ne kadar sık duymuş ve yaşamışızdır... Sahi, şu onca sözü edilen disiplin nedir?

Disiplinin sözlük anlamı, "Bireylerin içinde yaşadıkları topluluğun genel düşünce ve davranışlarına uymalarını sağlamak amacıyla alınan önlemlerin tümü" (bkz. TDK Türkçe Sözlük, 7. basım, 1983) olarak geçer. Bu açıklamayı ev ortamına uygulayalım. Bireyler, aile bireyleri; içinde yaşadıkları topluluk ise aile ve evin kendisidir. Alınan önlemlere gelince... Disiplin, o evin ve ailenin değer, düşünce ve davranışlarına uygun, yapılması ve yapılmaması gereken davranışları içeren bir önlem sistemi, yani bir davranış düzenidir. Örneğin; eve giriş-çıkış saatlerinin bir düzene oturtulması, akşam yatma saatlerinin düzeni, TV seyretme, yemek saatlerinin düzeni gibi, ailenin günlük yaşamını düzenleyici bir sistem veya ders çalışma düzeni, her gün diş fırçalama disiplini, herkesin kendi eşyasını toplaması, yemek yeme şekli veya disiplini gibi, her bireyden beklenen davranışları içeren bir düzen.

Demek ki disiplin, aslında düzendir; düzenli bir yaşam sistemidir. "Disiplinli bir insan" dediğimizde, yaşamını bilinçli bir şekilde ele almış, ne yaptığını bilen, günlük yaşamını bilinçli ve düzenli bir şekilde gerçekleştiren bir kimseden bahsetmiş oluruz. Disiplinli yaşam da, rasgele olmayan, bilinçli, düşünülmüş, sağlıklı ve düzenli yaşam demektir. Bu anlam çerçevesinde, evde ve ailede disiplin, aile bireylerinin günlük yaşamlarını bilinçli ve sağlıklı bir şekilde gerçekleştirmelerini sağlayan bir düzen veya yaşam tarzıdır.

Her evin düzeni (disiplini) ve düzen (disiplin) anlayışı kendine aittir. Kimi evin disiplin kuralları daha katı, kimininki ise daha esnektir. Ancak önemli olan, hangi kuralların, ne tür bir disiplinin uygulandığı değil, bu kuralların nasıl uygulamaya konulduğudur. Her zamanki gibi **ne**'yin yapıldığı **değil, nasıl** yapıldığı!

DİSİPLİN YALNIZ ÇOCUKLAR İÇİN DEĞİLDİR

İşin garibi, evlerinde disiplin sağlanamamasından yakınan birçok yetişkin, disiplini sadece çocuklara uygulanması gereken bir yaptırım olarak görürler. Sanki disiplin sadece çocuklar içindir, onların davranışlarını kontrol eden bir mekanizmadır. Sanki yetişkinlerin disipline ihtiyacı yoktur, çünkü onlar "büyüktür".

Avni Bey oğullarının sigara içmelerini kesinlikle yasaklamıştı. Bu konuyu sık sık akşam yemeklerinde gündeme getirir, oğullarının sigara içtiğini duyarsa çok fena kızacağını belirtirdi. Kendi, gençliğinden beri, günde 2 paket sigara içmekteydi. Fatih'in (17 yaş) çalışma masasında sigara izmariti gördüğü gün yer yerinden oynadı. Fatih, "Ama baba siz de içiyorsunuz..." demeye kalkıştığında, Avni Bey, "Ben büyüğüm, içerim," diye kükredi.

Disiplin kural ve yasaklarının inandırıcı olması için uygulayıcının da onlara uyması gerekir. Aslında **gerçek disiplin, kişinin kendiyle başlar.** Avni Bey sigaranın zararlarına gerçekten inanıyorsa, sigarayı kendi de bırakır, hiç değilse oğluna sigarayı bırakmaya çalıştığını, buna güç sarf ettiğini, ancak şu sıralarda pek başarılı olmadığını, fakat oğlunun buna alışmasından çok endişe ettiğini açıklayabilirdi. Böylelikle hem sigara konusunda daha inandırıcı olur, hem de oğlunun korkmasına neden olmak yerine, onun saygısını kazanırdı.

Evde disiplinin yürümemesinin en önemli nedenlerinden biri, yetişkinlerin "dediğimi yap, yaptığımı yapma" felsefesiyle yaptırımlara girişmeleridir. Yetişkinler içki, sigara içerler, çocuklarının yanında kıyasıya kavga eder, kötü sözler sarf ederler, çocuklarına veya birbirlerine el kaldırırlar, verdikleri sözü tutmazlar, ama eğer çocuklar bunlardan birini yapmaya kalkarsa, çok kötü kızarlar... Eğer baba sürekli çocuklarını veya anneyi döverse, kardeşini dövdü diye dayak yiyen çocuk ne düşünür acaba? Kardeşini dövmemesi veya kendini kontrol etmesi istendiğinde, bunu ne kadar ciddiye alır? Eğer "Yalan söylenmez, yalan söylemek çok kötüdür," denilen bir çocuk, kapı çalındığında, "Evde olmadığımı söyle," diyen bir anne/babayla karşılaşırsa, yalan konusunda ne düşünür acaba?

Biraz Düşünelim...

Acaba siz, çocuklarınızdan beklediğiniz disiplinli davranışların ne kadarını yapıyorsunuz? (Çocuğunuzdan dersini vaktinde yapmasını, ertelememesini isterken, kendinizin işinizi devamlı ertelemeniz; çocuğunuzdan eve vaktinde gelmesini isterken, kendinizin sürekli geç kalmanız, gibi.)

....

....

Bunlardan hangilerini tekrar gözden geçirebilir veya değiştirebilirsiniz?

....

....

YASAK VE ÖĞÜT YERİNE, ÖRNEK

Aslında hepimiz biliyoruz ki, gerçek öğrenilenlerin çoğu, sözle, öğütle değil, yaşanarak öğrenilir. Biz de çocukken büyüklerimizin öğütlerine ne kadar dikkat ederdik? Çocuklarsa çoğu davranışları, örnek alarak edinirler. "Bugünün işini yarına bırakma", "Dersini vaktinde yap", "Her gün dişini fırçalamalısın," gibi öğüt veya yaptırımlar yerine, çocuğa **yaşayarak örnek olunan** beklenilir davranışlar çok daha etkili ve kalıcıdır.

"Konur 3 yaşına geldiğinde sabahları diş fırçalama işini eşim üstlendi. Sabah kalktıklarında, beraberce yüzlerini yıkayıp dişlerini fırçalıyorlardı. Sonra eşim tıraş olurken Konur onu seyrediyordu. Konur için bu, bir tören şeklini almıştı. Sabahları elinde fırçası odaya geliyor ve, 'Hadi baba, gel dişimizi fırçalayalım,' diyordu. Doğrusu Konur diş fırçalama disiplinine kolay girdi."

Eğitimde ve birçok öğretilmek istenen davranışta olduğu gibi, disiplinde de en etkili yöntem örnek olarak öğretmektir. Çocuk günlük yaşamında düzenli, disiplinli, beklenilen davranışları gösteren bir aile büyüğü ile yetişirse, normal yaşam şeklinin böyle olduğuna inanır, iyi alışkanlıklar geliştirir. Buna karşılık, düzensiz, disiplinsiz, tutarsız davranışlarda bulunan bir aile çevresinde büyüyen çocuksa, doğal yaşam tarzının bu şekilde olduğuna inanarak, istenilen davranışları göstermekte zorluk çeker.

"Sabahları Vedat'ın okula gitmesi büyük sorun oluyor, bir türlü yataktan kalkmak istemiyor. Halbuki artık 8 yaşına bastı, vaktinde kalkması gerektiğini öğrenmeli."

"Peki, yalnız başına giyinip hazırlanabiliyor mu?"

"Hayır, sürekli iteklenmeye ihtiyacı var. Hadi oğlum, hadi oğlum demeden giyinmiyor. Kahvaltısını ben veriyorum."

"Saat kaçta evden çıkması gerek?"

"7.30'da okul servisine yetişmesi gerek, ama nerede... Devamlı geç kalıyoruz, sonunda ya ben ya babası götürmek zorunda kalıyoruz."

"Peki siz kaçta kalkıyorsunuz?"

Şadan Hanım güldü:

"Vallahi, aslında ben de çok zor kalkıyorum. Saat 7'yi yirmi geçe zor bela yataktan çıkabiliyorum. Hele kışın daha da zor... odasına gidiyorum ki hâlâ yatakta..."

DİSİPLİN VE YAŞAMIN TADI

Televizyonda *Neşeli Günler*[1] filmini izlerken, 'disiplin ve yaşamın tadı' fikri kafamı çeldi. 7 çocuk babası Albay, evinde disiplin sağlamak amacıyla sıkı bir düzen tutturmuştu. Albay düdüğünü çalar çalmaz, çocuklar yanına geliyordu. Çocukların günlük yaşamları ise çok sıkı ve şaşmaz kurallar içinde planlanmıştı. Albay hiçbir özür veya özel durum tanımamaktaydı. Pek tabii, çocuklar bunun acısını mürebbiyelerden çıkarıyor, ama aynı zamanda yaşamlarında da ders ve itaatten başka hiçbir şey yapamıyorlardı. Yeni gelen mürebbiye çocuklara emir eri gibi değil, insanca muamele ederek; oyun hakkı, şarkı söyleme ve yaşamdan zevk alma hakkını da ekleyerek eve yeni bir disiplin anlayışı getirdi. Evet, dersler yine yapılıyor, çocuklar düzenli bir yaşam sürüyorlar, terbiyeli davranıyorlar ama aynı zamanda yaşamlarından zevk alıyor, şarkı söylüyorlardı... Ev yine düzenliydi, ama havası değişmiş, yaşanması keyifli bir yer olmuştu.

Filmdeki bu iki disiplin ve farklı yaklaşım tarzı çok anlamlı geldi bana. **Gerçek disiplinin aslında görünmez olduğunu** düşündüm. Belirgin olmadan uygulanan, ama **mevcut ve yaşamın tadını kaçırmayan disiplin...** Albay'ın çok belirgin, çok ortalıkta otoritesine, hayatın tadını kaçıran disiplinine karşılık, Maria'nın (mürebbiye) belirgin olmayan ama mevcut, işleyen, sevgi ve yaşam dolu disiplini...

Aslında, toplumumuzda da disiplin, genellikle, kayıtsız şartsız

(1) *Neşeli Günler*, "The Sound of Music", Julie Andrews, Christopher Plummer.

bir yaptırım olarak algılanır: "Otoriteni kullanmazsan tepene binerler", "Çocuklar sıkı bir disiplin içinde büyütülmelidir. Yoksa bir yere varamazsın", "Eğer disiplinden bir gün fire verirsen, tepene çıkarlar".

Ancak, ev bir okul veya karargâh değildir, çocuklar da mutlaka sindirilmesi gereken âsiler... Ev aslında, küçük-büyük herkesin mutlu ve sağlıklı bir şekilde yaşamını sürdürebileceği bir ortamdır. Salt disiplin adına evi yaşanmaz hale getirmek ve yaşamın tadını kaçırmak çok acıdır. Sağlanmak istenen düzen, bir güç kavgasına, o evde kimin sözünün geçtiğinin ispatına dönüşürse, sonuç disiplin değil, korkuyla uygulanan yaptırımlar olur.

Sevda Hanım, okuldan gelir gelmez çocukların banyoya girip yıkanmalarına özellikle önem vermekteydi. "Ben eve gelir gelmez hemen bir duş alırım. O kadar iyi gelir ki. Çocuklarımın da aynı disipline girmelerine özellikle özen gösteriyorum." Ancak, çocuklar saat 16:30'da okuldan geldiklerinde banyoya girmekte şiddetle direniyorlar ve bu nedenle evde bitmez tükenmez kavgalar ve tartışmalar sürüp gidiyordu. Pek tabii, bu tartışmaların getirdiği kırgınlıklar diğer konulara da yansıdı. Ders çalışma saatleri, yemek saatleri, yatma saatleri sürekli tartışma, sürtüşme ve pazarlık haline dönüştü.

Acaba çocukların her gün okuldan gelir gelmez banyoya girmeleri şart mı? Sevda Hanım'a 'eve gelir gelmez' iyi gelen duş, herkese mutlaka iyi gelir mi? Banyo çocuklara daha uygun bir saatte, örneğin akşam yemeğinden veya yatmadan önceye alınamaz mı? Sevda hanım, çocukları o saatte banyoya sokarak kazanacağı temizlik uğruna ne bedel ödediğinin farkında mı? Ev huzuru, evde yaşamın tadı, çocuklarıyla olumlu iletişimi, çocukların banyodan ve yıkanmaktan nefret etmeleri, evde bitmez tükenmez tartışmalar, kendisinin yıpranması, çocukların her şeyde inatlaşmaları vb... Olay temizlikten çok, bir güç kavgasına dönüşmedi mi? Banyo disiplininin tek yolu bu mudur?

Gerçek disiplin, sevgi ve anlayış ister. Disiplin uğruna o evde yaşamın tadı kaçıyorsa, evde disiplin değil **yaptırım** uygulanıyor demektir.

EVİN DİSİPLİN KURALLARI NEREDE YAZAR?

Kızım yeni okuluna başladığında, elimize daktilo edilmiş bir kâğıt verdiler. Burada okula giriş çıkış saatleri, öğle paydosları, kıyafet düzeni, nelerin giyilip nelerin giyilemeyeceği, hangi davranışların beklendiği, hangilerinin ikaz veya ihtara gireceği gibi okulun disiplinine ait açıklamalar vardı. Okulun bunları yazmaktaki amacı, yeni bir ortama giren öğrencinin yanlış bir şey yapıp ikaz almasına veya azar işitmesine engel olmak, yani okulda sorunları azaltmaktı. Gerçekten yararlı oldu. Böylelikle, yasak olduğunu düşünemediğimiz (örneğin, lacivert veya beyaz dışında çorap giymek, takı takmak gibi) bazı davranışların yapılmaması gerektiğini öğrenerek kızımın boş yere ikaz edilmesine engel olduk.

Ancak evdeki kurallar hiçbir yerde yazılı değildir. Yazılı olmadığı gibi, hangi kuralların uygulandığı da açık bir şekilde belli değildir. Çocuk evin kurallarını deneye-yanıla öğrenir. Oturma odasında kırılacak eşyaları ellediğinde kızılır, ellerine vurulur; sobaya dokunduğunda "cızz" denir; odasında oyuna dalmışken aniden "hemen yemeğe gelmesi" istenir; akşam yemekten sonra TV'yi seyrederken aniden, "Haydi, çok geç oldu, yatma vakti geldi," diye çıkışılır... Çocuk direnirse azar işitir ve olaylar büyür.

Evdeki kural ve beklentiler önceden açıklanmadığı gibi, aile bireylerinin, özellikle çocukların, bunlara uyması, bunları bilmesi beklenir. Uymazsa da kızılır, azarlanır ve cezalandırılır.

> Okula yeni başlayan Emre, ilk günler eve döndüğünde hemen derse oturacağına kız kardeşiyle oyuna dalıyordu. Annesi Emre'ye, "Dersini yaptın mı? Neden dersini bitirmeden oynuyorsun?" diye çıkıştı... Emre ağlamaya başladı, direndi... Emine Hanım'a, "Daha çocuk okula yeni başladı. Eve gelir gelmez

ders yapması gerektiğini belki de bilmiyor," dendiğinde, Emine Hanım gayet emin bir tavırla, "Bilmez olur mu? Bilmesi lazım. Okuldan gelince ilk işi ders yapmaktır. Bunu bilmeyecek ne var," dedi. "Peki bunu Emre'ye hiç anlattınız mı?" sorusuna da, "Bunda anlatacak ne var? Bilinen bir şey... Okul dönüşü her öğrenci derse oturur..." diye cevap verdi.

Acaba Emre'ye ders çalışma disiplinini kim öğretti? Emre'nin çevresinde başka okul çocuğu yoksa, yani böyle bir davranışın yapıldığını görmemişse, ona da kimse bunu öğretmemişse, gerçekten eve gelir gelmez derse oturması gerektiğini bilebilir mi? Birkaç gün önce oyun çocuğu iken, aniden okul çocuğu olan 6 yaşındaki bir çocuğun, yapılması gereken davranışlara vâkıf olması beklenebilir mi? Biz büyükler, bazı davranış ve beklentileri o kadar doğal karşılarız ki, açıklamaya bile neden görmeyiz ve yapılmayınca da kızarız.

Emine Hanım, okul açılmadan önce Emre'yle, "Bak yakında okul açılıyor. Sen artık okullu bir çocuk oluyorsun. Sabahları erken kalkmamız ve hemen hazırlanmamız gerekecek. Okuldan döndüğünde de sana yemek hazırlayacağım. Yer yemez hemen ev ödevine oturman lazım. Ödevini bitirdikten sonra istediğin kadar oynarsın," diyebilirdi. Emre okula başlayınca kendisinden beklenenleri daha açık olarak bilir, ne yapıp yapmaması gerektiğini önceden düşenebilir, böylelikle azar işitmekten kurtulurdu.

Bu gibi açık olmayan beklenti ve kuralların aniden uygulanmak istenmesini ve bu nedenle oluşan sorunları sürekli duyarız: Akşam saat kaçta yatılması gerektiği açıklanmadan, "Haydi çabuk yatağa," komutu ve direnişler; arkadaşlarıyla sokağa çıkan çocuğun saat kaçta evde olması gerektiğini söylemeden, geç kalırsa çıkışmalar, ("Ama saat 6'da döneceğini bilmen gerekir"); evde misafir olduğunda, çocuk oturma odasına gelmişse, "Misafire merhaba dedin mi? Ne kadar ayıp... Çabuk teyzenin elini öp bakiiim," gibi utandırmalar...

Disiplin uygulanmaz, öğretilir. Çocuğun günlük yaşamıyla ilgili beklentilerin neler olabileceğini ona açıklamak, ondan nelerin beklenildiğini söylemek, ona öğretmek, çocuğu boşuna azardan korur. Söylemeden beklemek ve olmadı diye kızmak ise, gerçek bir haksızlıktır. Beklentilerimizi, ev kurallarını, yapılması ve yapılmaması gerekenleri, önceden biraz zaman ayırarak, çocuğa açık bir dille anlatıp ona doğru davranma şansı tanırsak, sorunlarımızı büyük ölçüde azaltmış oluruz.

Biraz Düşünelim...

Acaba evinizde yapılması ve yapılmaması gereken davranışlar açık olarak dile getiriliyor mu? (Örneğin, "Akşam, vaktinde yatmak lazım," gibi açık olmayan öğüt yerine –"vaktinde" ne demek?– "Akşam TV'deki Uykudan Önce programından sonra da yatmaya gideriz, tamam mı?" veya, "Eve geç kalma," ("geç" sizce kaçtır?) yerine, "Saat 7'den geç kalma, olur mu?" gibi.)

....

....

ÖNCE "HAYIR", SONUNDA BIKIP "EVET" (DİSİPLİNDE TUTARSIZLIK)

Evde disiplinin yürümemesinin ve çocukların söz dinlememesinin en önemli nedenlerinden biri de disiplin uygulamasındaki devamsızlık ve tutarsızlıktır. Tutarsızlığı üç değişik şekilde tanımlayabiliriz: **Devamsızlık, keyfi değiştirmeler ve "hayır"ların gerçek "hayır" olmaması.**

Orhan'ın (6 yaş) her akşam saat 8:30'da yatması kararlaştırılmıştı. İki akşam her şey çok düzgün gitti, Orhan saat 8:30'da yatağa girdi. Çarşamba akşamı, Orhan'ın babası geç geldiğinden, yemek saat 8:30'da bitti, Orhan'ın yatması 9:20'yi buldu. Perşembe akşamı Orhan saat 8:30'da yatmamakta direndi. Fevziye Hanım da o gece çok yorgundu. "Peki, TV'deki diziyi izleyelim, öyle yatarsın," dedi. Cuma akşamı Orhan, ertesi gün okul yok diyerek 8:30'da yatmak istemedi. Ertesi hafta artık Orhan'ı saat 8:30'da yatırmak, tekrar bir tartışma ve kavga haline dönüşmüştü.

Devamsızlık gösteren kuralların kalıcı olması çok zordur. Disiplinde başarısızlığın diğer bir nedeni de, kuralların keyfi olarak değiştirilmesidir.

Her cumartesi öğleden sonra arkadaşlarıyla buluşmasına izin verilen Ayşe'ye (15 yaş), o hafta cumartesi günü babası izin vermedi. Nedenini sorduğunda, Osman Bey, "Bugün keyfim yok. Bir hafta da çıkmayıver," dedi. Ayşe direndi, ağladı, ancak Osman Bey daha da katılaşarak, "Böyle devam edersen hiçbir zaman çıkamazsın," dedi.

Bu şekilde keyfi olarak değiştirilen kurallar, çocukta direnç, kırgınlık, karşı koyma, âsilik gibi tepkiler yarattığı gibi, evdeki diğer konulara da sirayet eder. Tartışmalar bitmez, tükenmez.

Zeynep'in (4 yaş) her gün saat 2 ile 4 arası öğle uykusuna yatması beklenmektedir. Ancak, Esin Hanım bazı günler saat 3'te arkadaşlarını ziyarete gitmek istediğinden, Zeynep'i de beraberinde götürmekte, o günler Zeynep öğle uykusuna yatmamaktadır. Sokağa çıkılmadığı günler ise, mutlaka yatması beklenmektedir. Ancak bazen, bir komşu veya çocuklu bir misafir geldiğinde, annesi Zeynep'e, "Bugün öğle uykusuna yatmasan da olur," demektedir. Pek tabii, sonuçta Zeynep, yatması gerektiği günler de yatmamakta direndi, bahaneler buldu, ağladı ve öğle uykusu konusu evde sorun haline geldi.

Bu örnekte de görüldüğü gibi, **keyfi biçimde değiştirilen kurallar devamlılık gösteremez ve sürekli tartışma konusu olur.**

Tutarsızlığın diğer bir şekli de "hayır"ların gerçek "hayır" olmamasıdır. Yani, yasaklanan bir şeyin herhangi bir nedenle (çocuk çok ağladığından, o gün evde çok misafir olduğundan, anne/baba o gün uğraşmak istemediğinden vb.) sonradan verilmesidir. Yani "hayır"ların sonradan, "Hadi peki, ama bu seferlik", "Al, al da sus artık", "Aman, peki, peki..."ye dönüşmesidir.

İpek Hanım Aslı'ya, sokağa çıktıklarında devamlı bir şey istememesini defalarca tembih etmişti. "Benden hiçbir şey isteme, çünkü almayacağım," demesine rağmen, Aslı her gördüğü şeyi istemeye devam ediyordu. Yol boyunca onu bunu istemesine sürekli karşı koyan İpek Hanım, artık dönüş yolunda, "Hadi peki, şu kalemi alalım," dedi. Ancak bütün yol boyunca "hayır" deyip direnmesine rağmen en sonunda kabul edip bir şey almanın, aslında Aslı'ya ne öğrettiğinin farkında değildi İpek Hanım. Aslı, "Devamlı ister ve annemi bıktırırsam ona istediğimi aldırırım"ı yaşayarak öğrenmekteydi.

Aslında "hayır"larımızın gerçek "hayır" olduğuna çocuğu inandırmak ve bu tür yıpratıcı oyunlara girmemek için, o anda duygularımıza kapılarak ("Ben ne biçim anneyim, aslında küçük bir şey alsam ne olur?" veya "Çocuğu da çok ağlattım, acıyorum," gibi) tutum değiştirmememiz, gerek çocuk, gerek kendimiz için daha sağlıklıdır. Çocuk nasıl olsa elde edemeyeceği bir şey için boş yere enerji tüketip yıpratıcı bir davranışa alışmaz, anne veya baba bu yıpratıcı oyunu oynamayarak sınırlarını açıkça belli ederler.

"HER DİSİPLİN BANA UYAR MI?"

Genellikle evdeki kural ve yasakların ne olacağı, nasıl bir disiplin uygulanacağı; anne/babanın özellikle fazla düşünmeden, "bu böyle yapılır," diyerek uyguladıkları yaklaşımlardır. Bu yaklaşımlar, ya kendi ailelerinden gördükleri ya eş, dost, arkadaşa danışarak öğrendikleri, ya aynı yaşta çocuğu olan diğer ailelerin yaptıklarına özenerek uyguladıkları ya da okuyup beğendikleri yaklaşımlardır. Ancak önemli olan, bu yaklaşımların ne kadar kendi evlerine, kendi kişiliklerine ve özellikle, uygulamak istedikleri çocuğun kişilik ve yapısına uygun olduğunu **bilerek** yol gütmektir.

Örneğin, yeni bebeği doğan bir genç anne, kitapta okuduğu için çocuğunu her 4 saatte bir beslemeye karar verir. Bu, çocuğun beslenme disiplinidir. 4 saat dolmadıkça çocuk ağlasa da yemek vermez. Ancak 4 saat dolduğunda, çocuk uyusa da, uyandırır ve onu besler. Bu disiplin, çocuğu tanımadan, onun bünyesini bilmeden uygulanan katı, otoriter bir rejim uygulamasıdır. Buna karşılık bebek her ağladığında ağzına memeyi dayayan ve 24 saat bebeğin emrinde hayatını geçiren anne ise hiç disiplin uygulamamakta, "laissez-faire" ("bırakınız yapsın") yöntemine girmektedir. Bunun üçüncü alternatifi, çocuğun bünyesini, yapısını, acıkma ve uyku saatlerini tanıyıp ona göre bir beslenme düzeni kurmak ve böylelikle hem çocuğun, hem annenin rahat edebileceği bir düzeni oturtmaktır.

Kurallar ve uygulanacak olan disiplin, "bu böyle yapılır" veya "başkaları böyle yapıyor," diye alıntı olarak değil de, çocuğun ve ailenin yapısına, bünyesine göre **düşünülerek** uygulanırsa, daha kalıcı ve verimli sonuçlar almak mümkündür.

Şimdiye kadar disiplinin **ne** olup olmadığını tartıştık, disiplin kavramındaki değişik anlamları ve yanlış tutumların getirebileceği sonuçları inceledik. Şimdi ise, disiplinin doğru uygulanma tarzını ele alarak nelerin yapılabileceğini gözden geçirelim. Yani **nasıllara** bakalım.

Uygulama tarzına göre, disiplini iki bölümde işleyebiliriz:

1) Dış kontrollü disiplin, 2) İç kontrollü disiplin (özdenetim).

DIŞ KONTROLLÜ DİSİPLİN

Dış kontrollü disiplin yöntemleri, sözel ve fiziksel olmak üzere ikiye ayrılır:

Sözel Olumsuz Disiplin Yöntemleri

Çocuğun davranışlarını kontrol etmek ve istediğini yaptırabilmek için kızma, bağırma, azarlama, tehdit, beddua, sözle hor görme, sevgiyi esirgeme gibi yöntemlerdir. Bunlara kısaca değinelim:

Kızıp bağırma: Çocuk kabul edilmez bir davranışta bulunduğu an, aile bireyi kızarak, bağırarak yapmaması konusunda onu ikaz eder: "Ben sana ayakkabılarla eve girme demedim miiiiii? Ne laf anlamaz çocuksun?" veya, "Niçin dersini çalışmıyorsun? Söyle bakiiim, niçin çalışmıyorsun?" Bu tür yaklaşımlar aslında aile bireyinin kızgınlığını boşaltmasını sağlar; sık sık azarlanan çocuklar bir süre sonra alışkanlık geliştirip bağırmalara artık aldırmazlar ve bağırdığı için aile bireyini suçlar, ondan uzaklaşırlar.

Tehdit etme: Kabul edilmez davranışı yapmaması veya beklenen davranışı yapması için, çocuk, gerçekten hoşlanmayacağı, korktuğu bir şeyle tehdit edilir: "Bir daha ellersen ellerini kırarım.", "Geberteceğim seni," gibi tehditler, çocuk küçükken korkutucudur. Korku konusunda çok hassas olan çocuk, bunları gerçek sanabilir ve inanır. Ancak büyüdükçe sürekli kullanılan tehditlerin etkisi geçer. Çocuk artık aldırmaz. Bunun yanında, daha gerçekçi tehditler, "Bir daha kırık not getirirsen, hafta sonu sinemaya paydos.", "Akşama babana söyleyeyim de gör."ler yerine getirildiği zaman, çocuk korkunun etkisiyle davranışını değiştirmeye yönelebilir. Ancak bu tür bir disiplin şeklinin getirdiği olumsuz etkiler çok önemlidir. Bunlara bu bölümün sonunda topluca değineceğiz.

Sözle hor görme: Çocuğu aşağılayıcı, küçük düşürücü, güvenini sarsıcı, kırıcı sözler sarf ederek istediğini yaptırma: "Gerizekâlı n'olacak. Karneye bak. Utan, utan... Komşumuz Ayşe her sene takdir alıyor, bizse senin gibi salaklarla uğraşıyoruz." Aşağılanmak herkes gibi çocuk için de çok onur kırıcıdır. Çocuğun kendine güvenini sarsar, zamanla çocuk gerçekten gerizekâlı, beceriksiz olduğuna bile inanır.

Beddua etme: "Allah belanı versin. Bana çektirdiklerinin cezasını bir bir göresin... Gözün çıksın emi." Bu da kızıp bağırma gibi bireyinin kızgınlığının boşalmasından başka bir işe yaramaz. Çocuk zamanla bunlara karşı bağışıklık geliştirir ve davranışını değiştirmesinde pek etkili olmaz.

Sevgiyi esirgeme: Çocuk beklenilen davranışı göstermediği zaman, "Seni artık sevmiyorum.", "Git, benim çocuğum değilsin, git komşunun çocuğu ol, bizim evde böyle çocuğa yer yok..." gibi sözler çocuğu çok sarsar, zira çocuk anne/babanın sevgisine çok muhtaçtır. Çocuk söylenenlerin gerçek olduğuna inanır ve kendini aile dışına itilmiş hisseder. Bunun gibi, çocuğa kabul edilmez davranışından dolayı küsmek, aldırmaz görünmek, hiç konuşmamak da çocuğa aslında davranışını değiştirmesi için bir şans tanımaz, ancak onu dolaylı olarak, yaptığı davranıştan dolayı cezalandırır.[1]

Biraz Düşünelim...

Siz, bu yöntemlerden en çok hangilerini kullanıyorsunuz?

....

....

Çocuğunuzun davranışını değiştirmesinde etkili oluyor mu?

....

....

Siz çocukken bunların hangileri size karşı kullanılırdı?

....

....

Neler hissettiğinizi anımsıyor musunuz?

....

....

Davranışlarınızı isteyerek ve inanarak değiştirdiğiniz oldu mu? Bunun nedeni, nasıl bir yaklaşımdı?

....

....

(1) *Çocuğunuz ve Siz,* Güler Okman Fişek

Fiziksel Disiplin Yöntemleri (Dayak)

Çocuğu dövmek (kaba etine, yüzüne, ellerine vurmak, çimdiklemek), bodruma kapamak, cezaya bırakmak gibi kaba kuvvetle verilen cezalar veya yaptırımlar fiziksel disiplin (ceza) türüne girer. Bu tür disiplin kültürümüzde çok geçerlidir, hatta, "Dayak cennetten çıkmadır," diye bilinen atasözü hâlâ tekrar edilir. Dayak çok çabuk etkisini gösterip çocuğu korkuttuğu için, en kısa yoldan istenilen amaca ulaştığından (derse oturması, yemek yemesi gibi), yani beklenen davranışın yapılmasını sağladığından ("Elleme, ellerine vururum.", "Kardeşine bir daha vurursan benden sopayı yersin.") aile bireyi tarafından sözel tehdit şeklinde de sıkça kullanılır.

Tarafsız (objektif) olarak bakıldığında, dayak çok haksız bir yaptırım şeklidir. Kendinizi düşünün, yapmak istemediğimiz bir şeyi sizden fiziksel olarak zaten büyük, daha güçlü biri size vurarak yaptırıyor veya yapmamanız gereken bir şeyi yaptınız diye sizi bir güzel dövüyor.

Neler hissedersiniz?

....

Dayak yedikten sonra düşündüğünüz şey davranışınız mı, yoksa dayak yemenin yaşattığı duygular mıydı?

....

Dayak atan kişiye karşı duygularınız nelerdi?

....

Dayak Neden Eğitimde İşe Yaramaz?

Dayak eğitimde işe yaramaz, çünkü:

- Dayak yiyen çocuk, yaptığının karşılığını en kısa yoldan ödemiştir. Ona, yaptığı kabul edilmez davranış üzerinde düşünme, hatasını anlama, onu tamir yollarını arama veya sonuçlarını düzeltme fırsatı verilmemiştir. Kabul edilmez davranış dayakla noktalanır.

- Dayak yiyen çocukta anne/babaya kızgınlık, düşmanlık, nefret hisleri uyanır. Dolayısıyla, çocuk kendi yaptığının kötü bir şey olduğunu düşünüp kendini suçlayacağına karşı tarafı suçlar. Durum yer değiştirmiştir. Çocuğun odaklandığı konu kendi kabul edilmez davranışı, hatası, suçu değil, yediği dayak ve bundan dolayı yaşadığı duygulardır.
- Dayak yiyen çocukta saldırganlık duyguları gelişir. O da anne/babasını örnek alıp, sorunlarını en kısa yoldan saldırganlıkla, zorbalıkla halletmeye yönelir; kardeşini, komşu çocuğu, kediyi döver. Ayrıca, döven aile bireyine karşı koyamadığı için, saldırganlığını dolaylı olarak gösterir, onu kızdıracak, sinirlendirecek başka davranışlarda bulunur.
- Aslında dayak yiyen çocuk kendini güçsüz, aciz hisseder, karşılık veremediği için kendinden utanır. Kendine güveni sarsılır. (Çok sık dayak yiyen çocuklarda, bir büyük fazla yaklaştığı zaman eliyle yüzünü koruma refleksi geliştirmiştir.)

Dolayısıyla dayak; çocuğa davranışı, etkileri ve sonuçları üzerinde düşünmek, yani vicdan ve ahlak geliştirmek yerine, saldırgan olmayı, işini kaba kuvvetle halletmeyi, öç almayı öğretir.[1]

Dayak atmanın veya bir başka fiziksel ceza vermenin anne/baba üzerindeki etkileri ise şöyledir:

- Dayak atan anne/baba o anki hırslarını, öfkelerini çocuktan alır, en kısa yoldan kızgınlık duygularını güçsüz biri üzerine boşaltarak rahatlarlar. Ancak, bu şekilde hırsını gideren anne/baba, çoğunlukla yaptığından pişman olur, utanır, suçluluk duygusuna kapılır. Bu suçluluğunu gidermek için de bu kez aşırı sevgi gösterilerine veya aşırı hoşgörü tutumlarına girer. Çocuksa, durumun dengesizliğini, tutarsızlığını yaşar. Bu tür sürekli iki uç davranış, çocuğu ruhsal yönden çok olumsuz etkiler.

---

[1] *Dayak ve Dayağın Etkileri* bölümü, Prof. Dr. Çiğdem Kâğıtçıbaşı'na aittir. Bkz. *Çocuğunuz ve Siz.*

Buna karşılık, sürekli dayak ve bir başka fiziksel cezayla (bodruma veya karanlık bir odaya kapamagibi) eğitim veren anne/baba, zamanla acımasız ve işkenceci bir ruh geliştirir. Bunun da gerek anne/baba gerekse çocuk üzerindeki ruhsal etkileri çok ürkütücüdür.

Demek ki, **çocuk eğitimi ve disiplininde dayağın yeri yoktur.**

Dolayısıyla, olumsuz fiziksel ve sözel disiplin ve yaptırım şekilleri, aslında anne/babanın hırsını geçirmeye, kızgınlığını dindirmeye ve istenilen davranışa en kısa yoldan fazla uğraşmadan erişmelerine yarar. Ama bu yeni davranış her zaman kalıcı olmaz.

Halbuki, **eğitim çocuğun sadece istenilen davranışlarda bulunup, istenmeyenleri göstermemesine yönelik bir davranış düzenleyici sistem değildir**. Eğitim, çocuğun hem davranışsal, hem ruhsal, hem sosyal, hem de ahlaki yönden **gelişmesine** yardımcı olması gereken, buna **olanak sağlayan** bir sistemdir.

Dıştan gelen bir kaba kuvvetle (bu durumda anne/baba zorlaması) sağlanan disiplin ve sözel ve fiziksel ceza sistemiyle yürütülen terbiye tarzında, bu geliştirici ögeler çok sınırlıdır, zira bu tür disiplin, çocukta dolaylı davranışsal tepkiler geliştirir. Bunları kısaca üç başlık altında toplayabiliriz:

1) **Karşı koyma:** Çocuk ya aktif olarak karşı koyar, saldırır, direnir, karşılık verir veya pasif direnişe geçer, söylenenin aksini yapar, ikazları bilhassa duymamazlıktan gelir, inadına istenmeyen davranışı yapar veya anne/babayı kızdıracak başka bir davranışta bulunur. "Sanki mahsus yapıyor," diye yakınır anne, "Beni kızdırmak için inadına yapıyor." Doğrudur, ama buna engel olmanın başka yolları vardır, zira kaba kuvvet ve zorlama sadece direnç yaratır.

2) **Kaçış:** Kaçış, fiziksel veya ruhsal olarak görülebilir. Fiziksel kaçışta, çocuk fiziki olarak ortalıkta görünmez, odasına kapanır ve iletişimi keser veya evden kaçar. Gazetelerde bu tür kaçışları sık sık okuruz. Özellikle okul çağındaki, karne alma zamanı eve gelmeyen, kaçan çocuklar, evdeki zorlayıcı baskıdan veya tepkilerden korkan, bunu yaşamak istemeyen çocuklardır.

Ruhsal kaçışta, çocuk evde bulunsa da anne/babasıyla iletişimi keser, beraber olduklarında –örneğin yemekte– konuşmaz, cevap vermez, hayal ve fantezi dünyasına kaçar veya yalan söyleyebilir. Önlem alınmazsa zamanla kabuğuna çekilen, hayal ve fantezi dünyasına sığınan ve gerileyen bir kişilik geliştirebilir. Ruhsal kaçış, ileride sigara, alkol, uyuşturucu alışkanlıklarına, aşırı hallerde de ruh hastalıklarına yol açabilir.

3) **Aşırı itaat:** Kültürümüzde itaatkâr çocuklar çok sevilir, tutulur. "Ayşe çok iyi çocuktur. Hiç sözümden dışarı çıkmaz.", "Ali sözümü hep dinler hiç beni üzmez.", "Dizimin dibinden ayrılmaz." Anneler bu tür sözleri övgüyle sarf eder, dinleyenler de itaatkâr çocuğa takdirle bakarlar. Ancak, sürekli itaat etmeye alıştırılmış, zorlanmış çocuklar, zamanla kendi değerlerini yadsıyan, kendi inançlarından vazgeçip her şeyi sorgusuz kabullenen, aşırı uyumlu kişilikler geliştirirler. Bu pek tabii büyüklerin dünyası için çok ideal gözükür, zira aile bireyini uğraştırmaz. Ancak, çocuğun kişiliği ve gelişimi açısından, geleceği için böyle bir davranış alışkanlığının sakıncaları çoktur. Bu tür çocuklar, kendilerine sürekli ne yapacakları, ne yapmaları gerektiğini söyleyen anne/babayı bulamayınca, onların yerine buldukları ilk otoriter kişinin etkisi altına girerler. Kötü arkadaş edinip onlara uyan, kötü alışkanlıklara 'hayır' diyemeyen, arkadaşlarına aşırı uyum gösteren çocuklar, bu tür sürekli itaat etmeye alıştırılmış çocuklardır. Bunun dışında, aşırı uyum ve aşırı itaate alıştırılmış çocuklar ileride kişiliksiz, yağcı, 'gözlerimi kaparım vazifemi yaparım,' deyişine uygun türde sorumsuz kişilikler geliştirebilirler.

Sonuç olarak, aşırı bir dış kontrolle bütün davranışları başkaları tarafından kontrol edilip düzenlenen çocuklar, hiçbir iç kontrol (özdenetim) geliştirme olanağı bulamadıklarından, ev dışı yaşamlarında, yani anne/baba kontrolü yokluğunda kendilerini kontrol etmekten acizdirler. Bu çocukların, ileriki yaşamlarında ya sorumsuz, kontrolsüz, aşırı davranışlarda bulunan kişilikler veya başka birinin kontrolü altına kolaylıkla girebilen pasif, tepki göstermesini bilmeyen, her şeyi kabullenici kişilikler geliştirmesi muhtemeldir.

Daha önce de belirttiğimiz gibi, çocuk yetiştirmenin ve eğitiminin amacı, çocuğun istenmeyen davranışlarını sindirip ıslah etmek değildir. Çocuklar, halledilmesi gereken sorunlar gibi görülmemelidir. Çocuk eğitimi, çocuğa çevresine uyumlu, sorumlu ve saygılı davranış yollarını (disiplinini) gösterip, bu arada onun, kişiliğini ve yeteneklerini en iyi şekilde geliştirmesine olanak sağlamaktır.

Bunu da iç kontrollü disiplin (özdenetim) yöntemleriyle elde edebiliriz.

İÇ KONTROLLÜ DİSİPLİN (ÖZDENETİM) NEDİR?

İç kontrollü disiplin, yani özdenetim, kişinin bazı kuralları benimsemesi ve dış uyarılara gerek kalmadan bu kurallara kendi kendine uyması veya uygulamasıdır. "Çok disiplinli bir kişi," dediğimizde, bu kişinin kendi kendine, yapılması gereken bazı davranışları veya görevleri yaptığını övgüyle anlatmış oluruz. Aslında çocuklarla da varmak istediğimiz amaç budur. Kuralları benimsemeleri, ne yapıp yapılmaması gerektiğini bilip **kendi kendilerine** yapmaları, sürekli uyarmaya gerek kalmadan görevlerini yerine getirmeleri (diş fırçalama, banyo yapma, dersini zamanında yapma, gece belirli bir saatte yatma, eşyasını toplama gibi). Bu şekilde hem anne/baba sürekli ikaz ve kontrol zorunluluğundan kurtulur hem de bu nedenle oluşabilecek sürtüşme ve sorunlar da önlenmiş olur.

Aslında, herkes gibi çocukların da kurallara ihtiyacı vardır. Bunu bir trafik sistemiyle örnekleyebiliriz. Trafiğin nasıl işlediğinden haberi olmayan bir sürücü arabasına binip yola çıktığında, yolun sağından gideceğine solundan gidebilir, aşırı hız yapıp olmadık sokaklara girebilir ve sonuçta trafiği alt üst edebilir ve hatta kazaya neden olur ve pek tabii cezalandırılır. Buna engel olmak için, trafiğe çıkmadan önce, bütün sürücüler trafik kurallarını öğrenir, neyin yapılıp neyin yapılmayacağını benimser, hatta bu kural ve davranışları deneyerek öğrenme devresinden geçerler. Bunun için de bir süre, yanlarında bir deneyimli şoför oturup onlara yol gösterir.

Bu örneği ev içine aktarırsak, ev içinde hareket etmeye başlayan çocuk, ne yapacağını ve nasıl hareket edeceğini bilmiyorsa, yani evin kuralları hakkında eğitim (açıklama) görmemişse, haliyle yanlışlar yapacak ve bu nedenle ikaz edilecek veya cezalandırılacaktır (kızma, bağırma vb). Çocuk deneme ve yanılmalarla, zamanla neyi yapması, neyi yapmaması gerektiğini öğrenecek ama her zaman nedenini öğrenemeyecektir.

Özdenetim eğitiminde ilk temel yaklaşım, çocuğa neyi yapması, neyi yapmaması gerektiğini açıklamak, ona yol göstermek, yani trafikte olduğu gibi onu eğitimden geçirmektir. Dr. Atalay Yörükoğlu, bunu, "bir ustanın çırağına sanatını öğretmesi"ne benzetir[1]: "Usta, çırağını işin kolayından başlayarak eğitir. Öğretimini ondaki gelişme hızına göre ayarlar. Yavaş yavaş sorumluluk verir. Başarısını destekler, yanlışını düzeltir. Nerede güveneceğini, nerede başında durup denetleyeceğini bilir. Ona yanılma payı bırakır; toyluk yanılgılarını bağışlar, beğenildiğini gören çırak da işine dört elle sarılır. Ustasına benzemek ve ona yetişmek için tüm yeteneğini ve çabasını ortaya kor," der.

Bu yaklaşımdan da görüldüğü gibi, ilk temel ilke, kural ve beklentileri **açıklamak,** ikinci temel ilke ise **desteklemek**tir. Yani sürekli çocuğun kabul edilmez davranışlarına olumsuz tepki göstermek yerine, kabul edilir davranışlarını da takdir edip pekiştirmek, hiç değilse bu yoldaki çabalarını övmek ve desteklemek gerekir. Sadece ve sürekli olumsuz tepkilerle büyüyen çocuklar, bir süre sonra isyan eder, karşılık verir, söz dinlemez olur ve daha da önemlisi yaşam heveslerini yitirir, kendilerine güvenmez ve küskün olurlar. Bunun karşılığında, kabul edilir davranış ve çabaları takdir gören çocuklar, daha hevesli ve güvenli hareket eder ve daha kolay söz dinlerler.

"Peki, otoritemizi hiç kullanmayacak mıyız?" der anne veya ba-

---

[1] *Çocuk Ruh Sağlığı,* Yörükoğlu, Atalay, Türkiye İş Bankası Kültür Yayınları, 1980.

ba. Sanki aniden ellerinden bir silah alınmıştır... Tabii ki kullanacağız. Ancak otorite, alışılagelmiş anlamda, korkutarak saygı elde eden çatık kaşlı bir güç değildir. Gerçek otorite, bir konu hakkında bilgi sahibi olan bir kimsedir. Örneğin, "Bu kişi, hukuk alanında bir otoritedir," deriz. Yani, "Bu konuda bilgili, deneyimli, güvenilir bir kişidir," demeye getiririz. Ona danışır, sözünü dinleriz. Bir konuda otorite olmak için yüksek tahsil yapmak şart değildir. Bir bahçıvan da, bahçe, ekim, çiçekçilik konusunda otoritedir, yani söz sahibidir. Ona başvurur, danışır, fikrini sorar, sözünü dinleriz. İşte ev içinde de varmak istediğimiz gerçek otorite budur, çocuğun sözüne ve fikrine güvendiği, başvurduğu ve sözünü dinlediği kişi. Korku nedeniyle değil de bilgi, güven ve saygı nedeniyle.

Dolayısıyla, evde disiplin sağlamak için salt otorite ve güç kullanmaya gerek yoktur. Bu konuda bilgili olmak, bilinçli hareket etmek, tutarlı davranmak, ancak aynı zamanda da sabırlı ve hoşgörülü olarak çocuğun karşısına geçeceğine, onun safında olup onu desteklemek yeterlidir. Bu tür yaklaşımla özdenetim daha sağlıklı ve kalıcı bir şekilde elde edilir.

Özdenetim Nasıl Elde Edilir?

1) Ev içindeki kural ve beklentiler katı ve değişmez değildir. **Kurallar çocuğun yaşına, kişilik ve yapısına ve özel durumlara göre düşünülerek uygulanır.**

Yaş: Örneğin, 3 yaşında bir çocuğun yemeğini hiç üstünü kirletmeden ve çok düzgün yemesi beklenemez. Bu nedenle çocuğa kızmak, onu azarlamak veya cezalandırmak faydasız, hatta zararlıdır. Buna karşılık, 7 yaşlarında bir çocuğun temiz ve düzgün yemesi daha gerçekçi bir beklentidir. Bunun gibi, 5 yaşına kadar olan çocukların öğle uykusuna yatmaları beklenebilir, ancak o yaştan sonra böyle bir kuralı katı bir şekilde uygulamak sorun yaratabilir. Daha büyük yaşlardaki çocuklarla, öğleden sonraki dinlenme saati, onlarla birlikte farklı bir şekilde planlanabilir: Odasında kitap okuması, resim yapması, oyun oynaması vb... Demek ki, evde kurallar sorun yaratıyorsa, kendimize şöyle bir soru yöneltebiliriz: Acaba bu kural veya beklentim çocuğumun yaşına uygun mu? Çocuğum bunu yapabilmek için çok mu küçük? (Veya artık büyüdü mü?)

(Bu konuda daha gerçekçi beklentiler için bakınız sayfa 193, Ek).

Şermin Hanım, oğlu Fuat'la (17 yaş) arasında sürekli sürtüşme olmasından şikâyetçiydi. Ne önerse, Fuat karşı çıkıyor, bir türlü anlaşamıyorlardı. Özellikle Fuat'ın sürekli üşütüp hastalanması sorun olmaktaydı. Şermin Hanım Fuat'a, okula gidip gelirken yün şapka giymesi konusunda ısrar ediyor, Fuat ise şiddetle direniyor, evden çıkar çıkmaz şapkasını başından çıkarıp cebine sokuyordu. Şermin Hanım ise bu duruma müthiş içerliyor, Fuat'ı azarlıyor ve bu konuda evde sürekli çatışma yaşanıyordu.

Şimdi, bu durumda 17 yaşında genç bir genç çocuğun sokakta yün şapka giymek istememesi doğal karşılanamaz mı? Küçük çocukların şapka giymeleri çok doğal da, 17 yaşında bir genç çocuğun şapkayla dolaşmak istememesi doğal değil mi? Bazen çocuklarımızın artık çocuk olmadıklarını, büyüdüklerini gözden kaçırmıyor muyuz? Veya bazen beklentilerimizin yaşlarından çok öte, yetişkinden beklenen davranışlar olduğunun farkında mıyız? Çocuklarımızın hemen yetişkin olmalarını beklemiyor muyuz? Üşütüp hastalanmamaya tek çare yün şapka giymek mi? Çocuklarımızın devamlı bizim kontrolümüz altında olduklarını varsayıp bazen büyüdüklerini (veya çok küçük olduklarını) unutmuyor muyuz?

Kişilik, yapı: Aynı şekilde, bazı kural ve beklentiler, çocuğun yapısı (veya kişiliği) nedeniyle sorun haline gelebilir. Örneğin, bazı çocuklar daha heyecanlı bir yapıya sahiptir ve sabah okula giderken kahvaltı edemezler. Kural adına çocuğa zorla süt, yumurta gibi besinler yedirmek ya da içirmek hem çocuğun yapısına göre ağır bir mideyle okula gitmesine, hem de anneyle sürekli sürtüşmesine neden olur.

Çocuğun yapısı ve kişiliği göz önüne alınmadan girişilen beklenti ve kuralların getirdiği sorunları, özellikle Anadolu Lisesi sınavlarına katılan ailelerde izlemekteyiz... Kimi çocuk daha azimli, daha hırslı ve bu tür yarışlara katılmaya daha elverişli ve yatkındır. Buna karşılık, bazı çocuklar akademik yönden hırslı olmayıp bu tür yarışlara katılmaya yapı olarak uygun değildir. Çocuğunun kişilik ve yapısını göz önünde bulundurmadan, beklenti ve "herkes yapıyor" uğruna bu tür çalışma kurallarını evde uygulamak, gerek çocuk gerek aile için büyük sorunlara yol açmakta, çocuksa hak etmediği bir başarısızlığı yaşamaktadır. Bu durumda, kendimize şöyle bir soru yöneltebiliriz: "Acaba bu koyduğum kural veya beklentim çocuğumun kişiliğine, yapısına uygun mu?"

Özel durum: Kural ve beklentilerin uygulanmasında özel durumları göz önünde bulundurmak çok yararlıdır. Örneğin, kural adına, hiçbir özür tanımaksızın, çocuğa her yemeği yedirme disiplinine girmek, yemek olayını bir güç kavgasına ve sorun haline dönüştürür. İnsanların gıda ihtiyaçları o günkü fizyolojik durumlarına göre değişebilir. Çocuk hastalanmaya başlıyorsa veya o gün bir şeye üzülmüşse, iştahı kapalıdır. Bazı çocuklar belirli besinleri (süt, yumurta, ıspanak gibi) sevmezler. Bunları zorla vermeye kalkışmak, "her şeyi yemesini öğrenmeli" veya "çocuk süt içmelidir" kuralı adına onları zorlamak, o besinden daha çok nefret etmelerine ve aile bireyiyle de aralarının bozulmasına neden olur. Verilmek istenen besin, farklı hazırlama ve sunma şekilleriyle sevdirilebilir. (Örneğin, süt ihtiyacı için muhallebi, sütlaç, yoğurt, ayran, peynir, dondurma gibi; ıspanak ihtiyacı için börek, yoğurtlu ıspanak vb).

Tülin Hanım, her sabah Can'a kahvaltı hazırlamaktan çok hoşlanırdı. Yıllardan beri Can sabahları güzel kahvaltı etmeden okula gitmezdi. Ancak son günlerde Can (17 yaş) kahvaltı etmeden okula gitmeye başladı. Bu durum Tülin Hanım'ı çok tedirgin etmekteydi. Birkaç kere tartıştılar, ancak Can kahvaltı etmemekte ısrar ediyordu. "Anneciğim, çok güzel kahvaltı hazırlıyorsunuz ama sabahları iştahım olmuyor," diyordu. Tülin Hanım iyice üzülmeye başlamış, olay sorun haline dönüşmüştü. Bir gün Can'la konuşmaya karar verdi. Arkadaşça yapılan bir konuşmadan sonra, Can'ın sabahları derse girmeden, hoşlandığı bir kız arkadaşıyla okul kantininde buluşmaya çok önem verdiğini anladı. Can'ın yaşı ve özel durumu nedeniyle eskisi gibi kahvaltı etmesinde ısrar etmek, Can' la annesinin gereksiz yere aralarının açılmasına neden olabilirdi. Tülin Hanım, Can'ın sağlıklı beslenmesine çok önem veriyorsa, Can'a sabahları okula götürmek üzere bir sandviç hazırlayabilir veya arada bir kantinden bir tost yemesine müsaade edebilirdi.

Nitekim öyle oldu ve Can bir süre evde kahvaltı etmedi, bu arada aile içindeki sorun ve anlaşmazlık da halledilmiş oldu.

Bu gibi durumlarda, kendimize şu soruyu yöneltebiliriz. Şimdiye kadar bu kural ve beklentime uyan çocuğum, acaba neden bu günlerde uymak istemiyor? Özel bir durumu mu var?

Demek ki, **çocuğa özdenetim kazandırabilmek için, ev içi kural ve beklentileri yaptırım gibi görmeden çocuğun yaşını, yapısını ve özel durumlarını göz önüne alarak uygulamamız daha yapıcı olur.**

2) Çocuğa kuralların nedeni izah edilir.

Küçük çocuklar kurallara uymayı çok sever ve isterler. 3 yaşına kadar olan çocuklara, "bu böyle yapılır" veya "bu yapılmaz" diyerek, fazla açıklama yapmadan bazı davranışları yaptırmak daha kolaydır. Ancak, 3-4 yaşından itibaren, çocuklar her şeyin nedenini öğrenmek isterler. **Özdenetim sağlamak için, çocuklara kuralların nedenini izah etmek çok yararlıdır.** Böylelikle çocuk kural uygulayıcının karşısında olmayıp, onun safına geçerek kuralı daha kolaylıkla benimseyebilir.

Erez, bütün çocuklar gibi kola içmeye bayılır. Sözden anlayacak yaşa geldiğinde bir gün Erez'e kolanın mide ve karaciğere çok zararlı olduğunu anlattım. Sadece pazar günleri veya bir arkadaş davetinde içebileceğini söyledim. Diğer günlerde kola içilmeyeceğine karar verdik. Erez sık sık komşumuz Nadiye Hanım'ın oğluyla buluşur ve beraberce oynarlardı. Nadiye Hanım' larda kola çok sık tüketilen bir içecekti. Nadiye Hanım bir gün

Azarlayacağınıza...

Bağırarak yapılan eleştiri ve yönlendirmeler etkili değildir. Zamanla duyulmaz hale gelirler.

Açıklayın.

Beklentinin açıklanması, suçlamadan daha etkilidir. Ancak beklentiler bazen tekrar ister.

Erez'e kola ikram ettiğini, ancak Erez'in o gün pazar olmadığı gerekçesiyle kola içmediğini anlattı. Erez ise birkaç gün sonra olayı şöyle yorumladı: "Anne, biliyor musun? Feritler hafta arası da kola içiyorlar. Ama ben içmedim. Hem Ferit'in karaciğeri hasta olacak benimki değil."

3) Beklenen davranışlar açıklanır: "Şöyle yap," "Böyle yapma" yerine, **hangi davranışın ne zaman beklendiği çocuğa açık bir dille anlatılır, öğretilir.**

Öğretilmeden uygulanan disiplin yaptırımdır, özdenetime dönüşebilmesi için açıklanması, öğretilmesi gerekir. Açıklama verildiğinde, çocuklar ne yapılıp yapılmaması gerektiğini daha iyi anlarlar. "Burak, hadi yatağa," yerine, "Burak, TV'de haberler biter bitmez yatma vakti oluyor, tamam mı?" demek, Burak'ın **ne zaman** yatması gerektiğini daha açık anlatır. "Yatarken önce pijamanı giyip dişlerini fırçalarsın. Ben de sana iyi geceler demeye geleceğim," gibi bir davranış açıklaması da Burak'tan yatma zamanı ne gibi davranışlar beklediğimizi anlatır. Çocuğu yanlış bir davranışta bulunurken yakalamak yerine ("Neden hâlâ yatmadın?" "Neden dişlerini fırçalamadın?"), çocuğa **iyi davranma şansını tanımak** daha etkili ve kalıcıdır. Ayrıca açıklama yapılan çocuk, kendini adam yerine konulmuş sayar ve aile büyüğüyle daha kolay işbirliğine girer.

Her akşamüstü Alper'in odası darmadağın bir haldeydi. Emine Hanım bu duruma müthiş içerliyor ve Alper'i bayağı azarlıyordu. "Bir daha odanı bu halde görürsem, bütün oyuncaklarını çöpe atacağım." Gerçekten de bir gün bütün oyuncakları en üst rafa kaldırdı. Sonuç: Ağlamalar, tartışmalar, Alper'in sürekli huzursuzluğu. Aslında o odayı her akşam toplamak müthiş bir külfetti. Grup çalışmasında, Emine Hanım'a, Alper'e oyuncaklarını toplamasını öğretmesi önerildi. Bir kere bütün oyunları birden açmayacak, biri bittiğinde toplayıp diğerini açacaktı. Ayrıca Emine Hanım, odayı Alper'le beraber toplayacak ve Alper de yerine yerleştirecekti. Odayı toplamak, oyun haline dönüştürülebilirdi. Akşam yemeğinden önce Alper'in odası mutlaka yerleşmiş olacaktı. Emine Hanım, ertesi gün Alper'e oyuncaklarını geri vereceğini, ancak oynadıktan sonraki toplama koşullarını açıkladı. 3-4 gün beraberce topladılar. Emine Hanım'ı, odayı Alper'le birlikte toplamak aslında çok zorluyordu. Kendi başına toplasa daha çabuk bitirecekti. Ama Alper'in, öğrenmesi ve alışması için başta biraz zaman kaybetmesi gerekliydi. Aslında başta kaybedilen biraz zaman, sonradan tartışmalardan kazanılacak olan zamana bedeldi. Bir süre sonra, Alper oyuncaklarını daha iyi toplamaya başladı. Oda eskisi kadar karışık ve dağınık değildi.

4) Çocuğa kuralların uygulanmasında aktif rol ve sorumluluk verilir.

Emir'in sabah kalkmaları bir sorun haline gelmişti. Emir bir türlü yataktan çıkmıyor, annesi birkaç kere çağırmadan kalkmıyordu. Sonunda **beraberce** (Anne ve Emir) bu soruna bir çare

Kızacağınıza...

Dağınık bir odayı toplamak kendi gözümüzde nasıl büyürse, çocuğun gözünde de büyür. Çocuk, emirlere de direnir.

Çocuğa öğretin.

Disiplin ve alışkanlıkları uygulatacağımıza öğretirsek daha etkili oluruz.

Yaptırım uygulayacağınıza...

Çocuğu işe katın.

Çocuğu aktif olarak uygulamaya katmak daha iyi sonuç verir.

Çocuğunuza sorumluluk verin.

Kabul edilir davranışı pekiştirin.

Sorun ortadan kalktıktan sonra arada bir olumlu tepki göstermek, alışkanlığın kalıcı olmasını pekiştirir.

İkaz etmek yerine bir not asın.

Kabul edilir davranışı takdir edin.

Bazen sorunu devamlı tekrar edip "dırdır yapmak" yerine, değişik hatırlatma ve ikaz yöntemleri daha etkili olur.

düşünüldü ve Emir yanına bir çalar saat istedi. Saat çaldığında, Emir kalkacak ve anne, "Hadi Emir," demekten kurtulacaktı. Gerçekten de çalar saat düzeniyle Emir daha kolay kalkmaya başladı. Anne de dış uyarıcı (yaptırımcı) rolünden kurtuldu.

Pınar Hanım, çocuklarının her gün çiğ sebze yemelerine çok önem vermekteydi. Ancak çocuklar şiddetle karşı koyuyorlar ve tabaklarına konan havuç salatası veya domatesleri kesinlikle yemiyorlardı. Çocuklarına sorumluluk vermeyi, Pınar Hanım şöyle gerçekleştirdi: "Bakın çocuklar, ben her gün çiğ sebze olarak havuç salatası veya domates yemenize çok önem veriyorum. Ancak artık bunları tabağınıza ben koymayacağım. Masanın ortasında olacak ve siz istediğiniz kadarını tabağınıza koyacaksınız. Anlaştık mı?" Gerçekten de çocuklar bu şekilde bir teklife daha az direndiler. Başta kaşığın ucuyla alınan salata, bir hafta sonra birer kaşığa kadar yükselmişti.

5) Çocuğun beklenir davranışları (veya ona yakın olanlar) ve çabası, takdir edilerek pekiştirilir.

- "Bu akşam ben hatırlatmadan yatağa gittiğine çok sevindim. Artık yatma zamanını kendin ayarlayabiliyorsun."
- "Aferin, odanı çok güzel toplamışsın. Doğrusu çok memnunum."
- "Bugün sokakta benden hiçbir şey istemediğine çok sevindim. Böylece boş yere üzülmemiş ve kavga etmemiş olduk. Tartışmadan gezmek çok keyifli oluyor."
- "Sabahları 'hadi Emir' demeden kendiliğinden kalkıp hazırlanman beni çok rahatlatıyor, devamlı peşinden koşmuyorum, daha az sinirleniyorum."
- "Artık ben söylemeden salata yemeniz çok hoşuma gidiyor. Hem de her yemekte kavga etmiyoruz."
- "Ebru'dan çok memnunum. Eve gelir gelmez derse oturur ve dersini bitirmeden de oyun oynamaz. Gerçekten bu konuda başka evlerde olduğu gibi, benim hiçbir sorunum yok."

YAPTIRIMDAN ÖZDENETİME...

Sürekli dış kontrollü bir disiplin ve yaptırımla idare edilen evlerde, anne veya babanın aniden tavır değiştirerek iç kontrollü disipline (özdenetim) yönelmeleri, çocuklarda bir bocalama yaratabilir. Devamlı bağırılmaya, ikaz edilmeye alışmış bir çocuk, aniden, bağırmayan veya aşırı tepki göstermeyen bir anne veya babayla karşılaşınca şaşırabilir. Grup çalışmalarından sonra, bu şekilde tavır değiştiren bir anneye çocuğu şöyle bir soru sormuştu: "Peki anne, neden artık bağırmıyorsun?" Diğer bir anne ise çocuğuyla kendi arasındaki şu hoş olayı aktarmıştı: Tartışmalı bir ilişkiden ve sürekli ikazlardan sıyrılıp farklı bir yaklaşımla çocuğuna hitap eden anne, Burak'ın artık söylemeden bazı görevlerini yerine getirmesi ve yapmaması gereken şeyleri kendiliğinden yapmaması üzerine, bir gün: "Biliyor musun Burak, sen çok paşa bir çocuk oldun," diyor. Burak ise annesine şöyle bir yanıt veriyor: "Aslında sen çok paşa bir anne oldun."

Anne/babanın tavır değiştirmesi karşısında şaşıran çocuk, bazen bu durumdan istifade etmek isteyebilir. Bu durumda önemli olan, aile büyüğünün tavrında sebat edip, hemen eski alışkanlıklarına (kızma, bağırma vb.) dönmemeye özel çaba göstermesidir. Yeni tavır ve yaklaşımında sebat edip devamlılık gösteren anne/baba, bir süre sonra çocuğun bu duruma uygun davrandığını göreceklerdir.

Yeni edinilen davranışları bir saatin sarkacına benzetebiliriz. Saat başları, saat çaldığında sarkaç bir sağa, bir sola doğru kuvvetle gider gelir, birkaç gidiş gelişten sonra sarkaç ortadan dengesini bulur. Yeni edinilen davranışlar da böyledir. Önceleri bağırıp kızan, sürekli azarlayan aile büyüğü (sarkaç sağda), yeni edindiği tavır çerçevesinde susar, sabreder, anlayış gösterir (sarkaç solda). Çocuksa bu duruma şaşırıp uyum gösteremediği için aile büyüğünün sınırlarını zorlar ve onu sanki eski tepkilerine döndürmeye çalışır, ne kadar ileri gidebileceğini bilmek ister. Bu durumda aile büyüğü artık dayanamaz ve eski davranışına dönerek (sarkaç sağda) kızmaya başlar, hatta çocuğu dövebilir. "Ben bu kadar sabrettiğim halde hâlâ devam ediyorsun."

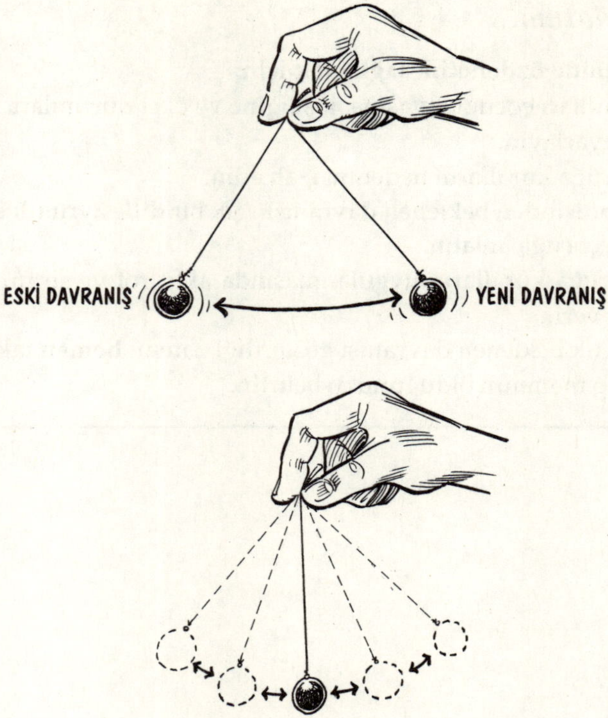

Yeni alışkanlıklar gide-gele dengelenir.

Ancak burada önemli olan, aile büyüğünün bu kadar ileri gitmemesi, yani sarkacı çok da sağa kaydırmamasıdır. Sarkaç gibi, eski ve yeni davranışlar da gide gele dengesini bulacak, yeni tavır ve davranışlara hem aile büyüğü hem de çocuk uyum sağlayacaktır. Burada önemli iki unsur: Aile büyüğünün, "Olmuyor, her şeyi denedim olmuyor," deyip eski alışkanlıklarına dönmemesi, sebat etmesi ve yeni tavır ve davranışının hemen çocukta olumlu değişiklik yaratacağını düşünüp, olmuyor diye umutsuzluğa kapılmamasıdır. Her yeni davranış, eğitim ve alışkanlığın yerleşmesi için biraz zamana ihtiyaç vardır.

Hatırlatma...

Disiplinde özdenetim sağlamak için:

1) Kuralları çocuğun yaşına, kişiliğine ve özel durumlara göre ayarlayın.
2) Çocuğa kuralların nedenini izah edin.
3) Kendisinden beklenen davranışı açık bir dille ayrıntılı olarak çocuğa anlatın.
4) Çocuğa kuralların uygulanmasında aktif rol ve sorumluluk verin.
5) Çocuk beklenen davranışı gösterdiği zaman **hemen** takdir edip memnun olduğunuzu belirtin.

Anlar

Eğer yeniden başlayabilseydim yaşama,
İkincisinde daha çok hata yapardım!
Kusursuz olmaya çalışmaz, sırt üstü yatardım.
Neşeli olurdum, ilkinde olmadığım kadar;
Çok az şeyi ciddiyetle yapardım!
O kadar temiz olmazdım,
Daha çok risk alır, daha çok seyahat eder,
Daha fazla güneşin doğuşunu seyreder,
Daha çok dağa tırmanır, daha çok nehir aşardım.
Görmediğim yerlere gider,
Daha çok dondurma, daha az bezelye yerdim!
Gerçek sorunlarım olurdu hayali olanların yerine.
Hayatın her anını gerçekçi ve üretken yaşayan insanlardandım.
Elbette mutlu anlarım oldu
Ama yalnız mutlu anlarım olmasına çalışırdım.
Farkında mısınız bilmem; yaşam budur zaten.
Anlar, sadece anlar.
Siz de 'an'ı yaşayın, 'şimdi'yi yakalayın.
Termometresini, bir şişe suyunu,
Şemsiyesini ve paraşütünü almadan
Dışarıya çıkmayan insanlardandım.
Eğer yeniden başlayabilseydim,
Daha hafif seyahat ederdim,
İlkbaharda ayakkabılarımı fırlatır atardım
Ve sonbahar bitene kadar yürürdüm çıplak ayaklarla.
Bilinmeyen yollar keşfeder, güneşin tadına varır,
Çocuklarla oynardım.
Bir şansım daha olsaydı eğer.
Ama şimdi seksen beşimdeyim ve biliyorum ki
Ölüyorum.

Jorge Luis Borges

5

Çocuklar Neden Söz Dinlemez?

"YAP"LAR VE "YAPMA"LARLA YAŞAMAK

"Hiç sözümü dinlemiyor, yapma diyorum yine yapıyor. Kızım elleme diyorum, sanki inadına gidip elliyor... Ne yapacağımı şaşırdım... Sonunda bağır bağır bağırıyorum, ama ne fayda?... O yine bildiğini okuyor..." Bu gibi yakınmaları ne çok işitmiş, belki de ne çok yapmışızdır... Gerçekten çocuklar neden söz dinlemezler acaba?

Konuya girmeden önce, kendimize dönük bir fantezi alıştırması yapalım: Farz edelim ki bir işinizi halletmek üzere, birkaç günlüğüne, başka bir şehre gitmek zorunda kaldınız. O şehirde oturan halanızda (veya teyzenizde) kalmak zorundasınız. Halanızın evine vardığınızda, yerleşmenize yardım ediyor. Bu arada, "Odana girip çıkarken gürültü etme, enişten dinleniyor," diyor. Banyoya girip ellerinizi yıkarken: "Suyu fazla harcama, dikkatli kullan," diye tembihte bulunuyor. Salona geçip oturmak istiyorsunuz: "O koltuğa oturma, o misafir koltuğu, kirlenmesin," diyor... Akşam yemeğinde nefret ettiğiniz kereviz yemeğini, "Sağlığa çok iyi gelir," diyerek size zorla yediriyor. Sokağa çıkmak istiyorsunuz, "Hava çok soğuk üşüteceksin, şapkanı giymeden çıkma sakın," diye tembih ediyor.

Evet, sorarım size, bir daha o kente gittiğinizde yine halanızda kalmak ister misiniz? Veya, kalmak zorundaysanız, ne hissedersiniz? Halanızın sözünü kibarca dinler gibi görünür, kafa sallar, sokağa çıkar çıkmaz şapkanızı çıkarır, bir "Of!" mu çekersiniz, yoksa halanızı dinler görünür ama duymamazlıktan gelir ve o etrafta yokken, inadına misafir koltuğuna mı oturursunuz? Yoksa, "Hala, bana karışmayın, istediğimi yer, istediğimi giyerim," mi dersiniz? Gerçekten ne yaparsınız? Hem neden halanızın sözünü dinlemek istemiyorsunuz? Söyledikleri aslında çok makul şeyler!...

Evet, onu yapma... Bunu yapma... Şöyle yap... Böyle yap... Sürekli bu uyarıları duyan kişi ne hisseder acaba? Ne yapması gerektiği sürekli söylenen, yapmaya çalışırken yanıldığı veya yapmayı unuttuğu zaman hemen kızılan, bağırılan kişi ("Sana yapma demedim miii?") hele sürekli yaşadığı yerde, yani kendi evinde ise, ne hisseder acaba? Bıkkınlık mı? Yoksa yaşam hevesini yitirmek mi? Öfke mi?... Bu hele bir çocuksa, çocukluğun getirdiği doğal merakını yitirme mi? İsyan mı? Bu olumsuz tepkilere karşı zamanla bir bağışıklık, bir savunma geliştirmez mi? Yani, bunları artık duymaz, dinlemez olur, yaşamını sürdürmeye çalışmaz mı?

Genellikle, eğitimi, hep yapılmaması gereken davranışları düzeltme ("Elleme, yapma") veya yapılması istenen davranış yapılmadığı zaman, hatırlatma, uyarma ("Ders çalış, yemeğini ye...") olarak algılarız. Ailelerin çocuklarına yaklaşım tarzını inceleyen bir araştırmada (Baldwin, 1945), bir aileyi uzun bir süre gözlemci olarak izleyen araştırmacı, anne çocuk arasındaki iletişimi şöyle anlatır: "11 aylıkken, annesi çocuğu kucağına alır veya masanın üzerinde giydirirdi. Kendi kendine yardım etmesine olanak verilmiyordu, zira bu çok zaman kaybına neden olacaktı. Çocuk 17 aylıkken, bir gün elimdeki kitabı gördü (gözlemci) ve almak için uzandı. Arada pek açık olmayan bir şeyler söylemeye çalışıyordu. Kitabıma eliyle vurdu. Annesi, "Yapma," dedi. Çocuk bileğimi tuttu, annesi yine, "Elleme rahat dur," dedi. Çocuk büyüdükçe ve istenilen davranışları gösterip uyum sağladıkça, anne/çocuk arasındaki iletişim daha durgunlaştı. Anne, bir disiplin olayı çıkmadıkça, çocuğun yaptıklarına pek dikkat etmemekteydi. İletişim, ancak çocuk "yanlış" bir şey yaptığı veya kızdırdığı zaman oluşmaktaydı. Okul döneminde ise, annenin tek ilgisi okul başarısı veya başarısızlığı ve okulda itaat etmesi veya sorun çıkmasıyla alakalıydı[1]."

---

(1) Maccoby, E. E. Social Development, Harcourt Brace Jovanovich, Inc. 1980.

Diyeceksiniz ki, "Şunu yapma... Böyle yap," demeden çocuğa iyiyi, kötüyü, doğruyu, yanlışı nasıl öğreteceğiz?

Psikolojide 'Kademeli Yaklaşmalar' terimiyle açıklanan bir yaklaşım tarzı vardır. Kademeli yaklaşmalarda, yapılması istenen, beklenen davranış belirlenir (örneğin, çocuğun yalnız başına kaşıkla yemek yemesi). Çocuğa, istenen davranışta bulunabileceği ortam hazırlanır (örneğin yemek yerken yerleri ve masayı kirletebileceği bir yer-mutfak, çocuğun ağzına götürebileceği boyda bir kaşık) ve izlenir veya davranış örnek olarak gösterilir ve açıklanır. İstenen, beklenen davranış veya ona çok yakın ama henüz mükemmel olmayabilen davranış görüldüğü anda pekiştirilir, yani takdir edilir, şöyle ki: Çocuğun yalnız başına kaşıkla yemek yemesini istiyoruz (beklenen, istenen davranış), çocuğun önüne yemek tabağını koyar, ne yapması gerektiğini **açıkça gösterebiliriz:** Ya biz bir kaşık alıp yemeği ağzımıza götürür veya çocuğun elini tutarak tabaktan yemek alıp ağzına götürmesine 1-2 kere yardımcı oluruz. Bunları yaparken de sözle açıklarız: "Bak şimdi kaşıkla tabaktan biraz yemek aldım, kaşığı ağzına götürdüm," gibi... Ondan sonra, çocuğu serbest bırakıp ne yapacağını izleriz. Pek tabii, başlangıçta tabaktan kaşıkla yemek alıp ağzına götürmeyi düzgün ve temiz bir şekilde beceremeyecektir. Yemeği almasını bilemez, yemek kaşıktan dökülebilir, çocuk ağzına götürürken üstüne dökülebilir. Bunlara **tepki göstermeyiz.** (Bunlara karşı **önceden tedbir alıp** çocuğa plastik bir önlük giydirmek, yemeği kolay temizlenebilen bir yerde –mutfakta– vermek çok önemlidir.) Önemli olan çocuğun yapamadığı, beceremediği zamanlarda hemen **olumsuz eleştiride bulunup olumsuz tepki vermek yerine, onun yapabildiği her davranışı ve her çabasını desteklemektir.** "Evet çok güzel. Bravo... Bu kez çok iyi becerdin," gibi. Böylelikle, çocuğun çabası, yaklaşık davranışları ve ileride istenen davranışları takdir sözleriyle pekiştirilir. Bu şekilde çocuk, takdir duymak için daha iyi ve daha güzel yapmaya çalışır, çabalar ve bir süre sonra gerçekten becerir.

Şimdi, burada aslında ne yaptık? Çocuğun yapmaması gereken davranışlarına (kaşığı ağzı yerine burnuna götürmek, tabaktan yemek alırken tabağın dışına dökmek gibi) tepki göstermedik, yani **olumsuz tepkileri kaldırdık.** Pek tabii, burada söz konusu davranışlar, göz ardı edilebilecek davranışlardır. Örneğin, çocuk püresinin içine kaşığıyla vurup etrafa sıçratıyorsa, tasvip etmediğimizi kızmadan gösterir, beklenen davranışı tekrar örnekleriz. Demek ki, esas yaptığımız, **dikkatimizi sadece çocuğun yapmaması gereken davranışları üzerine yöneltmek yerine, özellikle olumlu, beklenir ve istenir davranışlarına yöneltmektir. İstenmeyen davranışlara hemen tepki göstermek yerine, istenir, beklenir davranışlarına hemen tepki göstermektir.**

Çocukları tatilde buz pateni kaymaya götürdüğümde, soğukta, beklemekten sıkılıp, 'Acaba ben de denesem nasıl olur?' diye içimden geçirmiştim. Öylesine özgürce kaymak müthiş cazip geliyorsa da, doğrusu bu yaşımda paten kaymasını becerebileceğimi hiç ummuyordum. Temkinli davranarak, pistteki hocaya öğrenip öğrenemeyeceğimi sordum. Hoca gayet güvenli bir şekilde, 'Tabii, neden olmasın,' dedi. O zaman, işe ders alarak başlamayı daha temkinli buldum. Hoca, önce küçük adımlar atarak buz üstünde yürümesini gösterdi. Sonra benim yürümemi istedi. Her attığım adımda 'Evet... Çok güzel, aferin,' diyerek beni yüreklendiriyordu. Az sonra tutunmadan yürümeye başlamıştım. Hoca bu kez hafif hafif kaymayı gösterdi. Benim de yapmamı istedi. Çok korktuğum halde, beni yüreklendirdiğinden, denemek istedim. Hoca yanımda duruyor, her düşme esnasında beni tutuyordu. Derken hafiften kaymaya başladım.

Hoca, 'Beş adımda bir sendeliyordunuz, şimdi sekiz adıma çıktınız,' diyordu. Doğrusu çabalarımın arasında hiç de farkında değildim. Biraz sonra, 'Şimdi 15 adımda düşmeden kaymaya başladınız,' dedi. Aniden farkına vardım. Hoca hiç olumsuz ikazda bulunmuyor, sürekli olumlu çabalarımı ve adımlarımı övüyordu. Dikkatimi hocanın yaklaşım tarzına verdim. Hoca **her adımıma,** 'Evet... Evet...Evet... Çok güzel... Aferin,' demekteydi. Çok şaşırmıştım. İnanır mısınız, 45 dakika sonra pistte kendi başıma yavaş yavaş kaymaya başlamıştım...

Şimdi, burada hocanın neler yaptığını incelersek:

1) Bana güvendi ve güvenini belirtti: "Tabii ki kayarsınız. Neden olmasın?" (Bu güven başarılı olabilmenin çok önemli bir ögesidir.) Hoca öyle diyeceğine, 'Sizin yaşınızda biraz zor olabilir, düşebilirsiniz,' gibi uyarılarda bulunsaydı, herhalde cesaret edemeyecektim.
2) Yapmam gereken davranışı (adımları) örnekledi ve açıkladı.
3) Yaptığım her olumlu hareketi (doğru adımı) hemen takdir edip destekledi (Evet... evet... çok güzel... aferin...).
4) Hiçbir olumsuz tepkide bulunmadı, 'Aman, dikkat edin, düşeceksiniz. Olmuyor... Biraz daha dikkatli olun,' gibi cesaret kırıcı tepkilerde bulunmadı.
5) Kademeli yaklaşmalarla kabul edilir davranışlarımı açıkça belirterek destekledi: "Beş adımda bir sendeliyordunuz, şimdi sekiz adıma çıktınız."

Bunun çocukla uygulaması şu şekilde olabilir: 4 yaşındaki çocuğumuzun akşam yatarken soyunup pijamasını tek başına giyinmesini istiyoruz:

"Aslı, artık büyük bir çocuk oldun, akşamları tek başına soyunup pijamanı giyebileceğine inanıyorum. Bu akşamdan başlayarak deneyelim mi?"

Çocuk, *"Beceremem, ben yalnız soyunamam,"* gibi tepkilerde bulunursa, *"Ben senin yanında olup sana yardımcı olacağım,"* diye güven veririz. Çocuk soyunmaya başlar, *"Evet, çok güzel, kollarını çıkardın* (davranış açıklaması), *şimdi başını çıkarmak istiyorsun, baş bazen insanı zorluyor, değil mi* (empati)? *Evet, şimdi de pantolonunu çıkardın... Aferin... Şimdi pijamayı giyerken ön tarafına dikkat et... Tamam... Güzel... Evet tek başına giyinebiliyorsun... Aferin sana."*

Yaşı için yeni olan bir davranışı deneyip başarabilen çocuk, kendiyle gurur duyar ve bu duyguyu kendisine hissettirme olanağı yarattığı için de annesine, babasına yakınlık hisseder. Başlangıçta açık bir dille belirttiğimiz davranış ve sözel takdiri, daha ileriki aşamalarda davranış daha güzel ve uygun oldukça, gözlerimizle takdire çevirebilir veya gülümseyerek fark ettiğimizi belirtebiliriz. Ancak başlangıçta ve özellikle küçük çocuklarda, takdir ve teşvik sözlerimize, davranışın açıklamasını (hangi davranışın takdir gördüğünü) eklememiz çok faydalıdır.

Tüm canlılar ve özellikle biz insanlar hazza yönelik varlıklarız. Haz duydukça, tekrar duymak için o davranışı tekrarlarız. Bir hayvana, kuşa, kediye yemek versek, tekrar bize geleceğinden emin olabiliriz. Onu okşasak, bizi her gördüğünde gelip kendini okşatmak için bize yaklaşacağından, peşimizden geleceğinden (dolayısıyla davranışını değiştireceğinden) de emin olabiliriz. Çocuklara tatlı sözlerle hitap eden, onlarla konuşan, onları güldüren büyükler eve geldiğinde, çocukların oyunlarını bırakıp hemen onlara yöneldiklerini biliriz. Buna karşılık sert, haşin, aksi büyüklerden kaçtıklarını, onlara yaklaşmadıklarını da... İşte, kademeli yaklaşmalar teorisi, bu haz ilkesi üzerine kurulmuştur.

Şimdi diyeceksiniz ki, kabul edilmez davranışları hiç düzeltmeyecek miyim? İkaz etmeyecek miyim? Tabii ki edeceğiz, ama **sadece kabul edilmez** davranışlara yönelik tepkiler, sürekli ikazlar, neticede annenin dırdırcı olmasına, çocuğun bir süre sonra duyarsızlık geliştirip uyarıları duymamasına veya bıkkınlık, kızgınlık tepkilerinden dolayı söz dinlememesine neden olur. Kademeli yaklaşmalar ve olumlu tepkilerle davranışları pekiştirilen çocuklar, kabul edilmez davranışlarına uyarıları da daha iyi duymaya yöneliktir.

Bilinçlenme Alıştırması

1) Bu hafta içinde kendinizi izleyin.

a- Çocuğunuza ne kadar sıklıkta "Yapma, elleme," gibi ikazlar veya, "Şöyle yap, böyle yap," gibi yönlendirmelerde bulunuyorsunuz?

b- Bunların hangilerini kaldırabilir veya azaltabilirsiniz? (Hangilerini çocuğunuz siz ikaz etmeden zaten yapabilir?)

....

....

2) Bu hafta içinde dikkatinizi çocuğunuzun sadece kabul edilir davranışlarına yöneltin. Çocuğunuzun yaptığı, söylediği hangi davranışları, hangi tutumu beğeniyorsunuz? Aşağıya sıralayın:

a. ....

b. ....

c. ....

d. ....

3) Bunları beğendiğinizi çocuğunuza hiç belli ettiniz veya söylediniz mi?

....

....

4) Bu hafta çocuğunuzun hoşunuza giden, beğendiğiniz iki davranışını açıkça takdir edin. Davranışı açıkça belirtin ve olumlu duygularınızı açıklayın (örneğin, "Bu akşam yemekte bana zorluk çıkarmadan yediğine çok sevindim", "Bir şey sorduğum zaman yalan söylemeden cevap vermen çok hoşuma gidiyor, sana güvenim artıyor", "Derslerini kendi başına yapman çok hoşuma gidiyor" gibi).

....

....

5) Takdirlerden sonra çocuğu izleyin. Davranışı tekrarlıyor mu? İlişkinizde değişiklik var mı?

....

....

Demek ki, aslında yapmamız gereken, çocukların **olumlu yönlerine** ve davranışlarına **daha çok olumlu tepki göstermektir.** Bütün bu durumu şu şekilde simgeleyebiliriz: Yarısına kadar dolu bir bardağa bakarak, "Neden bu bardak dolu değil? Keşke dolu olsaydı!" diye hayıflanmak yerine, dikkatimizi bardağın dolu kısmına yöneltip, "İyi ki bardağın yarısı dolu, daha da boş olabilirdi," diye düşünerek çocuğun olumsuz, eksik yönlerine bakacağımıza, **zaten mevcut olan olumlu yönlerini görmeye başlamak ve olumlu yönlerini takdir edip, memnuniyetimizi ifade etmek.**

Zaten hiçbir çocuk, hiçbir kimse de, dopdolu bir bardak, yani sadece olumlu ve mükemmel değildir. Önemli olan, çocuğun güzel yanlarının da farkına varıp öyle olduğu için memnun olabilmek ve bunu fark ettiğimizi ona ifade etmektir. Bu şekilde anne/babasından takdir gören çocuk daha iyi yapmaya, anne/babayı memnun etmeye ve onlarda yaratmış olduğu **güzel algının** kaybolmaması için çaba sarf etmeye, söz dinlemeye başlar. Olduğu gibi kabul edildiğini hissetmek, hem çocuk ve hem de yetişkin için en büyük hediyedir.

Birkaç Yaşanmış Örnek

Birsen Hanım sürekli Ayşe'yi (5 yaş) şikâyet ediyordu: "Neyi yapma diyorsam onu yapıyor. Kızım öyle yapma diyorum, sanki dememişim gibi... Birkaç kez söylüyorum, sonunda tekrar edince dayanamayıp bir güzel dövüyorum... Ama o da fayda etmiyor... Ne yapacağımı şaşırdım."

Birsen Hanım'a "yapma"ları, ikazları kesip Ayşe'nin özellikle kabul edilir davranışları üzerine dikkatini yoğunlaştırması ve onları sözel ve davranışsal olarak takdir etmesi önerildi. Yani Ayşe, annesinin hoşuna giden en ufak bir davranışta dahi bulunduğunda, örneğin annesi yemeğe çağırdığında beş kere çağırmadan gelmeyen Ayşe, ikinci çağırışta gelince, annesi "Aferin, bu sefer çok çağırmadan gelmen çok hoşuma gitti, ben de yorulmadım," gibi, memnuniyetini ifade edecekti veya davranışsal olarak, Ayşe'nin kabul edilir davranışlarından sonra ona gülümseyecek, bakışlarıyla onu takdir ettiğini belirtecek, başını okşayacak, çok memnun olunca onu kucaklayacaktı.

Bütün bunları uygulayan anne, uygulamadan 15 gün sonra, Ayşe'nin daha fazla söz dinler olduğunu, annesinin hoşuna giden davranışları yapmaya başladığını belirtti.

Acaba Ayşe mi değişti, yoksa annesi mi? Veya ikisi de mi?

Emine Hanım Onur'u (5 yaş), kesinlikle yemek yemeyen ve bu nedenle evde sürekli sorun yaratan bir çocuk gibi tanıtmıştı. Yemek saatleri bitmez tükenmez kâbuslar haline dönüşüyor, anne sürekli Onur'a yemek yedirmeye uğraşıyor, Onur ise kesinlikle ağzını kapatıyor veya ağzındaki lokmayı çiğnemeden öylece tutuyordu. Yemek saatleri anne ile çocuk arasında bir güç kavgası haline dönüşmüştü.

İlk olarak Emine Hanım'a artık Onur'u kendisinin yedirmemesi ve Onur'un tek başına yemesine müsaade etmesi (beklenen davranışa olanak sağlamak, çocuğa güvenildiğini belirtmek) hatta tabağına kendi istediği kadar yemeği kendi koyması (önceden sözsüz olan, "Şu kadar yemeği yiyeceksin," olumsuz mesajını kaldırmak) ve çocuğun yediği kadarına bir müddet göz yumup hiç ikaz etmemesi ("Hadi oğlum ye," gibi olumsuz tepkileri askıya almak) önerildi. **Olumsuz tepkilerin,** "Bu çocuk hiçbir şey yemiyor," gibi söylenmelerin **iptalinden başka, onların yerine** Onur'un kendi başına yemek yeme çabalarını takdir etme **(olumlu tepki),** yediği kadarına memnuniyet ifadesi **(olumlu tepki)** konuldu. 10 gün sonra, Emine Hanımların evinde yemek sorunu ortadan kalkmıştı.

Aile içi iletişim grup çalışmalarına katılan Cânâ Hanım, oğlu Can'ın (yaş 31) kendini hiç aramadığını, ziyarete gelmediğini, telefon dahi etmediğini anlatırken çok içerliyordu. Bu duygusunu defalarca oğluna ve gelinine açıklamıştı. *"Zaten ben sizi aramasam, siz hiç aramayacaksınız.", "Can'cığım, bari bir telefon et sor, ölü müyüm diri miyim?", "Bir arasan, 'Anne nasılsın?' desen, 1 dakika bile sürmeyecek."* **(kabul edilmez davranışlara olumsuz**

Olumsuzlukları görüp eleştireceğinize...

Olumsuz eleştiriler insanın hevesini kırar. Kabul edilmez davranışlara sürekli tepki göstereceğinize…

Olumluları takdir edin.

Kabul edilir davranışları vurgulamak daha etkilidir. Takdir heveslendirir.

tepkiler) Bütün bu ikazlara rağmen durumun Cânâ Hanım'ı epeyce tedirgin ettiği belliydi. Buna karşılık Can bir gece saat 10'da telefon edip: *"Anne evde misiniz? Gelmek istiyoruz,"* dediğinde, Cânâ Hanım, *"Oğlum bu saatte yorgun olursunuz, hiç gelmeyin, size acıyorum, ikiniz de işten dönmüşsünüz, beni görmek için bunca yol yapacaksınız,"* dedi **(Olumlu, beklenen davranışa olumsuz tepki).** Pek tabii, Can ve eşi o gece gelmediler.

Cânâ Hanım'a, bütün olumsuz uyarı ve hatırlatmaları kesmesi ve **sadece beklenen davranış olduğunda** (Can'ın araması veya gelmesi) **olumlu tepki göstermesi** önerildi. O hafta içinde, Can telefon ettiğinde Cânâ Hanım şöyle dedi: *"Can, sesini duymak beni öyle mutlu etti ki anlatamam..."* **(Kabul edilir davranışa olumlu tepki).** Üç hafta aynı şekilde bir uygulamadan sonra, Cânâ Hanım, Can'ın günün ortasında, işinden çıkıp, aniden evin kapısını çaldığını, *"Anne, seninle biraz oturmaya geldim,"* dediğini müjdeliyordu.

TAKDİR VE ÖVGÜDE DİKKAT EDİLECEK NOKTALAR

Çocuğun kabul edilir davranışlarını beğendiğimizi göstermek için övgü, takdir sözleri kullandığımız zaman dikkat etmemiz gereken çok önemli bir nokta vardır: Övgü ve takdir, çocuğun kişiliğine değil de **çabasına, becerilerine**, yani **davranışına veya neticelerine** ilişkin olmalıdır.

Örneğin, Emre (7 yaş) oynadıktan sonra odasını topladı:

Anne: "Aferin Emre, sen çok tertipli bir çocuksun," yerine, "Odan o kadar dağınıktı ki, bu kadar kısa zamanda topladığına inanamıyorum."

Emre: "Kitaplarımı rafa dizdim, arabaları da şu köşeye sıraladım."

Anne: "Evet, kitapların özellikle masanın üzerine yığılmış duruyordu."

Kabul edilir davranışı takdir edin!...

Yalnızca kabul edilmez davranışlara tepki göstermek alışkanlığından kurtulup, kabul edilir davranışlara da dikkat ve tepki göstermeyi öğrenebiliriz.

Emre (kendinden memnun): "Şimdi istediğim kitabı hemen buluyorum."

Anne: "Odan bayağı büyüdü ve çalışma masanda yer açıldı."

Emre: "Hem oyuncaklar da yerden kalkınca, artık Ediz'le halının üstünde 9 taş oynayabiliriz."

Anne: "Odana girmek bayağı bir zevk oldu."

Burada, anne çocuğun kişiliğine ilişkin hiçbir övgü sözü sarf etmeden, çabasını ve neticelerini gördüğünü, fark ettiğini ve takdir ettiğini belirtti. Bunun yerine, anne, "Sen çok tertipli bir çocuksun," gibi Emre'nin kişiliğini niteleyen bir övgüde bulunsaydı, Emre, şimdiye kadar odasını bu şekilde toplamamış olduğundan bu övgüyü hak etmediğini düşünecek, annesinin övgüsünün ne derece samimi olduğundan şüphe edebilecek, hatta annesinin kendisine bazı işleri yaptırmak için bir dolaylı yol mu seçtiği hakkında şüpheye düşebilecekti. Aynı şekilde, "Sen çok uslu bir çocuksun," gibi nitelik ve sıfatlar, çocuğu "uslu" algısıyla çerçevelediğinden, çocuğun hareket özgürlüğünü kısıtlar, ona atfedilen sıfat veya niteliğin asılsız çıkabileceği korkusuyla çocuk ya sürekli uslu rolünü oynamaya veya içinden yapmak istediği yaramazlığı gizli yapmaya yönelir, bu da çocukta huzursuzluk ve kaygı duyguları yaratır. Bunun dışında, bu niteliği yersiz kullanan anne veya babasının çok akıllı olmadıklarını da düşünebilir.

Tanınmış çocuk psikoloğu Dr. Ginott, övgü için: "Övgü penisilin gibidir, gelişigüzel kullanılmamalıdır. Ağır ilaçların kullanılmasında gözetilmesi gereken bazı kurallar ve alınması gereken önlemler vardır. Bunlar duygusal ilaçların kullanılmasında da gözetilir,"(1) der. Dolayısıyla, övgünün kullanılma kuralları, takdir sözlerinin çocuğun kişiliğinden çok gayret, çaba, davranış ve başarılarına ve neticelerine yönelik olması dikkat edilmesi gereken ince bir nüanstır.

Atalarımız, "Tatlı dil yılanı bile deliğinden çıkarır," demişler. Gerçekten de tatlı dilin, yani olumlu yaklaşımın başaramayacağı

---

(1) Ginott, H. G., *Siz ve Çocuğunuz*, Redhouse Yayınevi, 1977.

durum hemen hemen yok gibidir. Bunu, mimar olarak çalışan Gülay Hanım çok açık ve güzel bir ifadeyle dile getirmişti:

"Mimar olarak belediyeyle işlerim çok sıktır. Belediyeyle çalışmanın ne demek olduğunu bilirsiniz; işleriniz bir türlü bitmez, sürüncemede kalır, kızar bağırırsınız, buna rağmen işiniz yine de bir yerde takılır kalır. Benim işlerim de bir türlü sonuçlanmamakta ve devamlı gel gitlere takılmaktaydı. Geçenlerde, insan ilişkilerinde öğrendiğim olumlu yaklaşımı belediyede kullanmaya karar verdim. Aniden kendi tarzımın, 'Ben mimarım, yani sizden bazı işler bekliyorum, sizler de bu işleri yapmak zorundasız,' gibi emir veren ve yönetici bir tarz olduğunun farkına vardım. Belediyede çalışan kişileri de birer insan, kendi sorunları ve düşünceleri arasında çalışan kişiler olarak görmeye başlayınca, onlara yaklaşımımı değiştirmeye karar verdim. Olumlu tarzda yaklaşmaya başladım. Rica ettim, en küçük çabalarını veya işlemlerini takdir edip teşekkür ettim, hatırlarını sordum. İnanır mısınız? Aylardır yürümeyen, aksayan işlerim aniden çabucak yürümeye başladı..."

Günümüzde, iş çevreleri ve politika da dahil, insan ilişkilerinin önemi kavranmış, kişisel yaklaşımların etkisi ve başarısı küçümsenmeyecek boyutlarda önem kazanmıştır. Halen insan ilişkilerinde olumlu ve etkili yaklaşım tarzları; üniversitelerde iş idaresi ve ekonomi bölümlerinde, siyasal bilimlerde bilimsel olarak eğitim programına alınmıştır. Bunun yanı sıra, iş çevreleri ve bankalarda insan ilişkilerini düzenleyici ve eğitici seminerler sürekli tertiplenmektedir. Bütün bu eğitim ve seminerlerin ana hedefi, yönetici kadrosunda bulunan kişilerin yönettikleri kişilere daha insancıl, daha hoşgörülü davranmalarını, eski sistemde âmir/memur ilişkisinin getirdiği zorlayıcı, küçümseyici ve emir verici yaklaşımdan arınmalarını, dolayısıyla çalışanların verimliliğini ve iş potansiyelini artırıcı yaklaşımlar öğrenmelerini sağlamaktır. Bunu bir işyerinde çalışanlar gayet iyi bilirler. Bazı kişilerin veya yöneticilerin işlerini daha istekle yerine getirir, bazılarının ise işlerini ayağımızı sürüye sürüye yaparız. Bu fark, tamamen iş isteyen kişinin yaklaşımına bağlıdır.

İş ve politika çevrelerinde işlerin daha iyi ve verimli gitmesi ve yönetici kadronun, çalışanları işlerinden memnun, dolayısıyla şirkete yararlı ve verimli hale getirebilmesi için çaba göstermelerini anlayabiliyor ve takdir ediyorsak, bu tür ilişkilerin aile içinde de var olmaması için bir neden var mı? Evde de aslında bir yönetici kadro (anne/baba) ve kendilerinden bazı davranışlar ve işler beklenen bir çocuk kadrosu mevcuttur. İş ve sosyal çevrelerimizde gösterdiğimiz kendimizi kontrol, iyi niyet, güler yüz ve saygılı davranışı evimizin içinde de göstermememiz için bir neden var mı? Doğru, insan evinde dinlenmek, kontrollerini gevşetmek, rahat etmek ister. Ancak bu, "Çocuklar nasıl olsa benim hükmüm, emrim altında," "Bana bağımlı," veya "Ben anneyim/babayım, istediğimi yaparım," anlayışıyla hiç çaba sarf etmeden, kontrolsüz, bilinçsiz ve çocuğun kişiliğine saygısız bir şekilde hareket ederek, sadece kızıp bağırmalar, emirler, yönlendirmeler, "yap" ve "yapma"larla davranmak anlamına gelirse çok sakıncalı neticeler doğurur. Zira her çocuğun kendine has kişiliği, potansiyeli, yetenekleri ve doğal merakları vardır. Bunları kendi anlayışımız ve çerçevemiz içinde "yap" ve "yapma" larla kısıtlamak, çocuğun doğal merakını ve coşkusunu, yaşama hevesini yitirtir. Çocuğun kendini ifade etme özgürlüğünü ve yaratıcılığını kısıtlar, bağımlı olmasına neden olur, kendine güvenini yitirtir. Anne veya babanın, sadece kabul edilmez davranışlara tepki göstererek uyarı, kızıp bağırma, sürekli hatırlatma, "yap" ve "yapma"larla yaklaşımları, neticede onları dırdırcı ve sözü dinlenmez kişiler haline dönüştürür. Bunun karşılığında olumlu tepkiler, takdir sözleri, destek ve teşviklerle kademeli yaklaşmalar, çocuğun istek ve hevesini artıracağı gibi, çocuğu anne/babayla işbirliği yapmaya, onların karşısına geçeceğine, onların tarafına geçmeye ve söz dinlemeye sevk eder.

Hatırlatma...

"Şöyle yap, böyle yapma," diyeceğinize:

1) Dikkatinizi çocuğun kabul edilir davranışlarına yöneltin, kabul edilmez davranışlarını bir süre, mümkün olduğu kadar görmezlikten gelin.
2) Beğendiğiniz kabul edilir davranış veya ona yakın bir davranış gördüğünüz veya duyduğunuz anda takdir, teşvik edin, "Evet, çok güzel, aferin...", "... Yapman çok hoşuma gidiyor."
3) Kabul edilmez davranışa "yapma" demek yerine, **onun yerine** hangi davranışı beklediğinizi açık bir dille anlatın (Örneğin, "Eve kirli ayakkabılarla girdiğin zaman her taraf kirleniyor. Eve geldiğinde önce ayakkabılarını çıkar, terliklerini giy, içeri öyle girersin.").
4) Kabul edilmez davranışı yapmadığı veya onun yerine istediğiniz, beklediğiniz davranışı **gösterdiği anda takdir** edip memnuniyetinizi ifade edin ("Bugün ben hatırlatmadan, **ben söylemeden** ayakkabılarını çıkarıp, eve terliklerle girdiğine çok memnun oldum.").

6

Çocuğu Dinlemek

DUYMAK MI, DİNLEMEK Mİ?

"Beni dinlemiyorsunuz zaten..." dedi Metin.

"Dinliyorum tabii," dedi Avni Bey, başını gazetelerden kaldırarak, "Bak söylediklerini tek tek tekrar edeyim: Dedin ki, 'Bu yıl dersler çok ağır, hocalar da durmadan ders yüklüyor,' Gördün mü, bak nasıl dinliyormuşum... Oğlum, şikâyet bir işe yaramaz, biz de o yollardan geçtik, okul hayatı böyle, sıkı çalışıp adam olacaksın. Ben senin yaşındayken..."

"Tamam, baba, kalsın..." dedi Metin.

Acaba Avni Bey gerçekten oğlunu dinledi mi? Yoksa sadece sözlerini mi duydu?

Bu konuda açıklamalara girmeden önce, konuyu farklı bir biçimde özümleyen bir şiiri okuyalım. Doğan Cüceloğlu'nun, *Yeniden İnsan İnsana* (Remzi Kitabevi, 1991) adlı kitabındaki bir şiir şöyledir:

Söylemediklerimi İşitin Lütfen...[(1)]

Bana aldanmayın!
Yüzüm bir maskedir,
Sizi aldatmasın.
Binlerce maskem var,

---

(1) Charles C. Finn; Çeviren: Doğan Cüceloğlu.

Çıkarmaya korktuğum,
Ve,
Hiçbiri ben değilim…
Olmadığımı göstermek
İkinci doğam oldu.

"Kendinden emin biri" dersiniz,
Sanki güllük gülistanlık
Benim için her şey…
Adım güven belirtir,
Ve,
Oyunumun adı
"Ağırbaşlılıktır".
İçimde ve dışımda denizler sakin,
Her şeyin kumandanı ben…
Kimseye gereksinme duymayan
Ben…
Fakat, inanmayın bana,
Lütfen…

Her şey dışta düzgün ve cilalı,
Hiç yıpranmayan, her zaman saklayan
O maske…
Altta ne güven, ne de rahatlık…
Altta,
Karışıklık, korku ve yalnızlık içinde bocalayan
Gerçek ben!…
Ama saklarım bu gerçeği savunuculukla…
Kimsenin bilmesini istemem…
Zayıf taraflarımı düşündükçe,
Titrer ve sararırım…
Ve başkaları görürse iç dünyamı…
Gerçek beni ve yalnızlığımı!
İşte,

Maskelerimi onun için takarım...
Onun için, arkalarına saklanacak
Maskeler yaratırım...
Onlar,
Gösterişte kullanabileceğim
Parlatılmış yüzlerim.
Beni korur, bakan gözlerden...

Beni olduğum gibi kabul edecek,
Sevecek
Bakışlar bulamazsam,
Solacak kuruyacak gerçek ben...
Ve,
Ben bunu biliyorum.
Beni kendi maskelerimden kurtaracak,
Kurduğum hapishaneden kaçıracak,
Diktiğim engellerden aşıracak,
Beni seven,
Beni anlayan
Bakışlar olacak.
Bana,
"Sen değerlisin" diyecek,
"Maskesizken daha bir insansın"
"Daha yakın, daha bir dostsun"
Diyecek bir bakışa
Beni gören bir bakışa
Muhtacım...
(...)

Evet, acaba bu gören bakışa, söylemediklerimizi de işitebilen kulağa hangimiz muhtaç değiliz?

Kendimizi düşünelim... Yakın çevremizi, arkadaşlarımızı... Bir derdimiz, sorunumuz olduğu zaman ilk aklımıza gelen kişi kimdir? Kimi düşünüp ona derdimizi anlatmayı hayal ederiz? Neden o kişi de, başkası değil? Bu kişi dinlerken genellikle ne yapar?

Bir de derdimiz olduğunda, kesinlikle anlatmak istemediğimiz kişiler vardır. "O zaten anlamaz," diye düşünürüz. Neden anlamaz? Anlamadığını nasıl anlıyoruz? Ne yapar ki?

Derdimizi açabileceğimiz kişinin yaptıkları:

....

....

Derdimizi kesinlikle anlatamayacağımız kişinin yaptıkları:

....

....

Genellikle, biri derdini anlattığı zaman gösterilen tepkiler: "Neden öyle yaptın?" gibi sorular, "Keşke şöyle yapsaydın..." gibi öğütler, "Böyle yapmak doğru değil, çünkü senin gibi biri... yapmalı," gibi mantıksal yaklaşımlar, "Aman boşver, dert edinme, unutur gidersin," gibi teselli yollarıdır. Bu yaklaşımları 5 ana başlık altında toplayabiliriz:

ÇOCUĞU DİNLERKEN GENELLİKLE GÖSTERİLEN TEPKİLER VEYA GERÇEK DİNLEMEYE ENGELLER

1) Öğüt vermek, çözüm getirmek, yönlendirmek

"Şöyle yap, böyle yapma...", "Bu şekilde hareket etmemelisin", "Buna üzüleceğine oturup biraz dersini çalışsan daha iyi edersin..." gibi sözler.

Şule Hanım: "Çok yorgunum, bu hafta çocukların ikisi de hastaydı, gece sık sık kalkmak zorunda kaldım..."

Annesi: "Kendini çok yoruyorsun, ayrıca akşamları da çok sokağa çıkıyorsunuz, dinlenmek istiyorsan biraz sokağa çıkışlarını azalt."

Şule Hanım: "Ama anne, bu hafta zaten hiçbir yere gidemedik ki... Çocuklar hastaydı."

Annesi: "Olsun, genelde çok çıktığınız için hem sen yorgun oluyorsun, çocuklara da iyi bakamıyorsun..."

Şule Hanım: "..

...."

(Siz Şule Hanım'ın yerinde olsaydınız ne cavap verirdiniz? Neler hissederdiniz?)

Acaba annesi Şule Hanım'ı duydu mu?

Genellikle öğüt vermek, ahlak dersi gibi öneriler, sorunu getiren kişide zorunluluk veya suçluluk duyguları uyandırır, iletişimin kesilmesine veya yön değiştirmesine (bu durumda Şule Hanım'la annesi arasında akşam çıkışları üzerinde bir tartışmaya dönüşerek konu Şule Hanım'ın yorgunluğundan uzaklaşır) neden olabilir, konuşan kişide direnç, isyan yaratabilir, konuşan kişiyi savunuculuğa iter.

Metin: "Emre ile oynamak istemiyorum, hep beni kızdırıyor."

Anne: "Hadi bakayım, güzel güzel oynayın, arkadaşlar birbirini kızdırmaz."

Metin: "Ama anne, ne alsam elimden çekiyor...'"

Anne: "Sen de ona boyalarını ver, sen arabalarla oyna."

Metin: "Ama anne, o benim elimdekini istiyor boyuna..."

Anne: "O zaman arabalarınızı paylaşın. Arkadaşlarla oyuncakları paylaşmanız gerekir, Metin'ciğim paylaşmasını bilmezsen, sonra kimse seninle arkadaş olmak istemez... Yalnız kalırsın..."

Metin daha çok tepinir ve ağlar.

Metin'in duyguları nelerdir?

....

....

Anne Metin'i gerçekten duyuyor mu?

2) Yargılamak, eleştirmek, ad takmak

"Sen zaten hep kolaya kaçarsın...", "Bebek gibi davranıyorsun," "Geri zekâlı ne olacak..." gibi...

Şule Hanım: "Çok yorgunum, bu hafta çocukların ikisi de hastaydı, gece sık sık kalkmak zorunda kaldım..."

Annesi: "Ne varmış bunda şikâyet edecek? Ben de sizler için az mı uykusuz kaldım?"

Şule Hanım: "Ama anne, bu sefer ikisi birden hastaydı..."

Annesi: "Zamane anneleri hiç fedakârlığa katlanmak istemiyor artık..."

Şule Hanım: "..

...."

(Siz Şule Hanım'ın yerinde olsaydınız, ne cevap verirdiniz? Neler hissederdiniz?)

Annesi Şule Hanım'ı duydu mu?

Genellikle yargılama ve eleştirme tepkileriyle karşılaşan kişiler, kendilerini anlaşılmamış, itilmiş, haksızlığa uğramış, daha çaresiz hissederler, bunun karşılığında iletişimi keser veya karşılık verebilirler. Bu şekilde tepkilere sürekli maruz kalan çocuklar ise yargı ve eleştirileri ve özellikle sık kullanılan isimlendirilmeleri ("geri zekâlı, sulugöz, aptal, laf dinlemez...") gerçek olarak algılar ve bu da çocuğun kendini algılayışı (öz-imgesi) üzerinde son derece olumsuz etkiler bırakır; onun kendine güveninin sarsılmasına neden olabileceği gibi, başarısına da engel olabilir.

Metin: "Emre ile oynamak istemiyorum, hep beni kızdırıyor."

Anne: "Sen de şikâyetten başka bir şey bilmezsin..."

Metin (ağlayarak): "Ama, anne, ne alsam elimden çekiyor."

Anne: "Ne varmış ağlayacak, sulugöz sen de... Bir arkadaşla bile oynamasını bilmiyorsun..."

Metin, ağlamaya devam eder, daha çok tepinir.

Metin'in duyguları nelerdir?

....

....

Annesi Metin'i duyuyor mu?

3) Soru sormak, araştırmak, incelemek

"Neden?... Sen ona ne yaptın?... O sana ne dedi? Hanginiz önce söyledi?..."

Şule Hanım: "Çok yorgunum, bu hafta çocukların ikisi de hastaydı, gece sık sık kalkmak zorunda kaldım..."

Annesi: "Neden hastalandılar? Sıkı giydirmiyor musun?"

Şule Hanım: "Tabii ki giydiriyorum anne, ikisinin de kalın paltosu, şapkası var."

Annesi: "O zaman okuldan kapmışlardır. İlaçlarını düzenli veriyor musun? Doktor ne dedi?"

Şule Hanım: "Doktorun dediğini aynen yapıyorum, ama gece uyumuyorlar..."

Annesi: "Gece üstleri açılıyordur... Battaniye ile örttün mü?"

Şule Hanım: "Örttüm tabii, zaten sık sık kalkıp üstlerini kontrol ediyorum, ondan uykusuz ve yorgunum ya..."

Annesi: "Akşam ağır yemek yediniz belki de... Kahve de içtin mi?"

Şule Hanım: "..

...."

(Siz Şule Hanım'ın yerinde olsaydınız ne cevap verirdiniz? Neler hissederdiniz?)

Genellikle soru, inceleme, nedenini arama gibi yaklaşımların içinde önyargı, eleştiri veya zorunlu çözüm bulunur, ayrıca konu sorulara cevap vermeye takılarak yön değiştirip esas sorundan uzaklaşabilir. Sorular genellikle soru soranın nereye varmak istediğini açıklamadığından, konuşan kişi endişeye kapılabilir veya savunmaya geçer. Sorulara cevap vermek çabasıyla, esas sorun da gözden kaçabilir.

Metin: "Emre ile oynamak istemiyorum, hep beni kızdırıyor..."

Anne: "Neden? Ne yaptı ki sana?"

Metin: "Elimde ne varsa çekiyor..."

Anne: "Elinde ne vardı?"

Metin: "Boyalarla oynuyordum, elimden aldı, sonra ben de arabalarla oynamaya başladım, bu sefer onları almak istedi..."

Anne: "Neden verdin?"

Metin (sabırsız): "Ama anne, ben vermek istemedim, o çekiyor."

Anne: "Neden doğru dürüst oynamasını beceremiyorsun?"

Metin: ...

Metin'in duyguları nelerdir?

....

....

4) Teşhis koymak, tahlil etmek

"Aslında sen öyle demek istemiyorsun...", "Ben senin aslında neden öyle yaptığını biliyorum", "Aslında senin derdin başka..."

Şule Hanım: "Çok yorgunum, bu hafta çocukların ikisi de hastaydı, gece sık sık kalkmak zorunda kaldım..."

Annesi: "Size birkaç gün gelip ev işine yardımcı olmamı istiyorsun anlaşılan."

Şule Hanım: "Hayır, anne, öyle demek istemedim... Çocuklar hasta ve gece uyumadılar diyordum..."

Annesi: "İstersen sana evde bir şeyler pişirip getireyim."

Şule Hanım: "Anne hiç zahmet etmeyin, öyle bir istekte bulunmadım, inanın... Şöyle lafın gelişi yorgunum demek istemiştim..."

Annesi: "Sen zaten beni üzmek için muhakkak bir şey bulursun..."

Şule Hanım: "..

...."

(Siz Şule Hanım'ın yerinde olsaydınız ne cevap verirdiniz? Neler hissederdiniz?)

Bu tür yaklaşımlarda, dinleyen kişi sanki konuşanın niyetini, söylemek istediklerini çok iyi biliyormuş, onun kafasının içindekileri okuyormuş gibi bir tavır takınır, yani, "Ben seni senden iyi bilirim," gibi bir bilmişlik havasında cevap vererek konuşanı savunmaya ittiği gibi, sinirlenmesine, sabırsızlanmasına ve karşılık vermesine neden olabilir. Konuşan kişi kendini kıstırılmış, yanlış anlaşılmış ve yanlış yorumlanmış hissettiğinden iletişimi büyük olasılıkla keser. Zamanımızda bu tür yaklaşımlar, özellikle psikoloji konularına biraz ilgi duyup o konularda biraz okumuş kişiler, genç anne babalar tarafından sık ve ne yazık ki yanlış kullanılmakta ve çocuğun davranış ve sözleri bu yarım yamalak bilgiler ışığında tahlil edilip yorumlanmakta ve böylelikle çocuğa yanlış etiketler, yorumlar getirilmektedir.

Metin: "Emre ile oynamak istemiyorum, hep beni kızdırıyor..."

Anne: "Eve senden başka bir çocuk geldiği zaman kızıyorsun."

Metin: "Hayır, Emre hep oyuncaklarımı elimden çekiyor..."

Anne: "Emre senin oyuncaklarına dokunmasın istiyorsun..."

Metin: "Hayır, dokunsun ama o benim elimdeki oyuncağı almak istiyor..."

Anne: "Sen de Emre'den daha güçlü olduğunu gösterip ona vermek istemiyorsun... Ama Emre senden küçük..."

Metin (ağlayarak): "Ama anne... "

Metin'in duyguları nelerdir?

....

....

5) Sakinleştirmek, teselli etmek, konuyu değiştirmek

"Aldırma, boşver...", "Düzelir canım, bunu dert etme...", "Geçer aldırma...", "Üzülme...", "Başka şeyden konuşalım..."

Şule Hanım: "Çok yorgunum, bu hafta çocukların ikisi de hastaydı, gece sık sık kalkmak zorunda kaldım..."

Annesi: "Olur öyle şeyler, çocuk bu..."

Şule Hanım: "İyi uyumayınca çok hırçın ve asabi oluyorum, çok da başım ağrıyor..."

Annesi: "Bir kahve iç, düzelirsin..."

Şule Hanım: "Bu akşam da yazılacak bir sürü yazım var..."

Annesi: "Aldırma canım, akşama kadar düzelir... Geçen gün Hasibe Hanım'ın da bir başağrısı tutmuş..."

Şule Hanım: "..."

(Siz Şule Hanım'ın yerinde olsaydınız ne yapardınız? Neler hissederdiniz?)

Aslında sakinleştirmek, teselli etmek çok güzel ve genellikle yararlıdır, ancak önemli olan, teselliyi, kişiyi duyduğunuzu belirttikten sonra verebilmektir. Söyledikleri duyulmadan, üstünkörü teskin ve teselli edilmek istenen kişi, kendini anlaşılmamış, dinlenmemiş veya sorununun önemsiz, saçma sapan gibi algılandığını hisseder, bu nedenle ya sorunu ile daha yalnız, önemsenmemiş veya dinlenmemiş olmaktan dolayı kızgın hissedebilir. Genellikle, karşıdaki iyi dinlenmeden verilen teselli mesajları, konuşan kişinin sorununu küçümser bir hava yaratır.

Metin: "Emre ile oynamak istemiyorum, hep beni kızdırıyor."

Anne: "Aldırma canım, o senden küçük zaten..."

Metin: "Ama her şeyimi elimden çekiyor..."

Anne: "E, sen de başka şeyle oyna..."

Metin: "Ama, anne o zaman da onu elimden almak istiyor..."

Anne: "Boşver canım, arkadaşlar arasında olur öyle şeyler..."

Metin (sabırsız): "Ama anne, ben kavga etmeden oynamak istiyorum..."

Anne: "Aman sen de her şeyi ciddiye alırsın zaten... Gelin size kurabiye vereyim..."

Metin: "Ben kurabiye istemiyorum..."

Metin'in duyguları nelerdir?

....

....

SİZ BİRİNİ DİNLERKEN NE GİBİ TEPKİLER VERİYORSUNUZ?

Aşağıda, çocuğunuzun, bir arkadaşınız veya eşinizin size söyleyebileceği bazı sorunları veya durumları yaşadığınızı düşünelim. Bunlara doğal yanıtınız nasıl olurdu? (Yanıtlarınızı hiç düşünüp derlemeden, ilk aklınıza gelen tepkiyi yazmak şeklinde vermeye çalışırsanız, kendi tarzınız ve yaklaşımınız hakkında daha kolay bilgi sahibi olabilirsiniz.)

Çocuk: "Yeni bebeği çöpe atacağım. Keşke hiç eve getirmeseydin..."

Yanıtınız: ....

....

Hangi sınıflamaya giriyor?

Çocuk: "Bugün hiç okula gitmek istemiyorum..."

Yanıtınız: ....

....

Hangi sınıflamaya giriyor?

Arkadaş: "Sen zaten hep Aslı'nın tarafını tutarsın..."

Yanıtınız: ....

....

Hangi sınıflamaya giriyor?

Eş: "Bu hafta işlerim çok kötü gitti, ne yapacağımı bilmiyorum..."

Yanıtınız: ....

....

Hangi sınıflamaya giriyor?

Arkadaş: "Selda ile aramız iyiden iyiye açıldı..."

Yanıtınız: ....

....

Hangi sınıflamaya giriyor?

Yanıtlarınızda bazı dinleme engelleri tekrarlandı mı? Öyle bir tekrar varsa, demek ki genellikle o engeli veya engelleri daha sık kullanmaktasınız. Ancak, kendinizi daha fazla tanımak ve dinlerken en çok hangi engelleri kullandığınızı veya engel kullanıp kullanmadığınızı anlamak için bu hafta içinde kendinizi izleyin.

Bilinçlenme Alıştırması

Bir kişi bir şey söylemek istediğinde veya onu dinlerken ne yapıyorsunuz? Bir şeyler söylüyor musunuz? Dinleme engeli kullanıyor musunuz? En çok hangilerini kullanıyorsunuz? Acaba nasıl bir dinleyicisiniz?

....

....

İYİ BİR DİNLEYİCİ OLMANIN KOŞULLARI

Köyde tek başına oturan Bektaşi'yi kimse dinlemek istemez, sözlerini alaya alırlarmış: "Aman Bektaşi, sen de...", "Bu dünyayı sen mi kurtaracaksın?...", "Bu dünya böyle gelmiş böyle gider.", "Boşver yorma kafanı bunlarla..." Bizim Bektaşi mahzun, insanlardan kaçar olmuş. Günler böyle geçmiş, bir gün bakmışlar Bektaşi'nin mahzunluğu yok olmuş. Bektaşi'nin yüzü gülüyor, gözleri daha parlak... Sormuşlar: "Ne oldu sana Bektaşi?" Dudağında hafif bir gülümseme "Beni dinleyen biri var," demiş Bektaşi. Merak etmişler, salmışlar bir köylüyü peşine, Bektaşi gitmiş, köylü peşinden... Derken Bektaşi bir dağın tepesine varmış, geçmiş ak sakallı keçisinin karşısına oturmuş, başlamış keçiye anlatmaya. Keçi ise Bektaşi'nin yüzüne bakar dururmuş, arada bir de Bektaşi keçinin sakalına bağladığı ipi aşağı doğru çekermiş, keçi de başını sallar olurmuş... Bektaşi mutlu!

Bu kısa öykü bize, bir insanın, diğerinin sadece gözüne bakarak **sessizce** dinlemesinin bile güçlü etkisini anlatmıyor mu?

Bedensel dinleme ve bedensel dikkat: Gerçek dinlemenin ilk koşullarından biri de kişiyi bedenen dinler duruma geçmektir. Yani:

Konuşan kişinin gözlerine bakmak: Özellikle bir çocukla konuşulduğunda, ya çocuğun hizasına gelecek şekilde çömelmek, oturmak veya çocuğu kendi boyu hizasına yükseltmek, dinlerken de konuşan kişinin yüzüne bakmak gerekir. Yüze bakarak dinlemenin, gerek dinleyen gerekse konuşan taraf üzerinde etkileri büyüktür. Dinleyen kişi, onun yüzüne bakarak yüz ifadesinden de söylenenlerin ötesinde mesajlar alabilir. Örneğin, konuşan kişinin yüzünün kızarması, gözlerini kaçırması, gözlerinin buğulanması, başını önüne eğmesi, dudaklarının titremesi gibi ifadeler, söylenen sözlerin içeriğine zenginlik ve boyut kattığı gibi, söylenenle söylenmek istenen mesaj arasında bir çelişki olup olmadığını da açıklığa kavuşturur. Şöyle ki: "Ali bana vurdu, çok kızdım," derken gözlerinin içi gülen çocuğun aslında ne kadar kızdığı hakkında tereddütlerimiz oluşabilir veya, "Hayır, ben yapmadım," derken gözlerini kaçıran veya yüzü kızaran kişinin sözlerini yüzeyde kalmayıp daha iyi dinlemeye çalışabiliriz veya, "Bana ne, hiç aldırmıyorum," derken gözleri buğulanan çocuğun gerçekte o olaya ne kadar aldırmadığı hakkında şüpheye düşebiliriz.

Konuşan, sorununu paylaşan kişi ise, kendisine bedenen yakın duran, yüz yüze konuşabildiği dinleyicisine daha bir yakınlık, güven ve onunla konuşma isteği duyar. Bir derdimiz olunca, onu aydınlatmaya veya içimizi dökmeye çalışırken veya herhangi bir şeyi anlatırken, "Tamam sen anlat, ben dinliyorum," diyerek gazetesine bakan, TV'yi yan gözle izleyen, alelacele yemeğini karıştırmaya devam edip mutfakta koşuşturan veya tırnaklarını törpüleyen veya

Hemen çözüm getireceğinize...

Dinlerken yorum yapmak veya çözüm getirmek konuşanı durdurur, konuyu saptırabilir.

Yalnızca dinlediğinizi belirtin.

Yalnızca dinleyerek çocuğu rahatlatabilir, sorununa kendisinin çözüm bulmasına yardımcı olabiliriz.

dinlese bile, odanın karşı köşesinde, iyice arkasına yaslanmış, kollarını kavuşturmuş bir kişiye ne kadar anlatmaya devam isteği duyarız acaba?

Sessizlik: Dikkatli ve bedenen dinlemenin yanında **sessizlik** de çok **güçlü** bir etkendir. Özellikle anne/babalar, çocukları bir sorunla geldiğinde hemen lafa karışıp sorunu giderme, çözüm getirme yolunu seçerler. Emine Hanım: "Ali derslerini anlamakta zorluk çekiyormuş... Ben de ona dedim ki: Bak oğlum, ders çalışırken başka şeyler düşünüyorsun, kendini derse ver, sonra müzik dinlemeyi bırak ve..." Ancak, aslında **önemli olan dinleyen kişinin dedikleri değil, konuşan kişinin dedikleridir.** Konuşanın da konuşabilmek, sorununu anlatabilmek için **konuşma alanına** ihtiyacı vardır. Bu alan da ancak dinleyicinin yaratabileceği sessizlikle sağlanabilir.

Dolayısıyla, bedensel yakınlık ve bedensel dikkatin yanında sessizlik, konuşan kişiye konuştukları hakkında **düşünme,** daha fazla **açıklama** ve dolayısıyla olaya daha **dikkatli bakma** imkânı kazandırır. Böylelikle, konuşan kişi sorununu bir başkasına anlatırken, kendi de daha iyi düşünme fırsatını kazanır. Bunu kendimizde de şu şekilde açıklayabiliriz: (Öğrenci iken) bir konuyu ders olarak çalıştığımızda anlarız, ama bir başkasına anlatmaya çalıştığımızda daha da iyi anlarız. Sorunlarda da öyledir. İyi bir dinleyiciye anlatılan sorunlar, genellikle çözüme kendi kendine daha kolaylıkla ulaşır veya hiç değilse konuşan kişiyi bir miktar rahatlatır. Bu rahatlama da soruna daha serinkanlı bakabilmeyi, dolayısıyla bir yol bulmayı sağlayabilir.

Demek oluyor ki, sessizlik, konuşmaya yardım edici güçlü bir etken. Ancak, sade sessizlikten öte, dinleyicinin konuşulanları takip ettiğini belirten bazı uyarılar da gereklidir. Sessizce dinleyerek hiçbir tepki göstermeyen bir dinleyicinin, gerçekte anlatılanları takip edip etmediği hakkında şüpheye düşebiliriz. Ancak, sessizliğin yanında, baş işaretleri, "Hmmm", "Evet, anlıyorum," gibi kısa sözcükler, dinleyicinin, konuşanın sözlerini takip ettiğini daha açık bir şekilde belirler.

Bütün bu tutumlar, yani bedensel yakınlık ve bedensel dikkat, konuşanın yüzüne bakarak dinlemek, sessizlik ve dinlendiğini belirten takip işaretleri, konuşan yetişkinin veya çocuğun bir sorunu olduğunda çok yardımcıdır. Ancak bazı sorunlar, çok yoğun duygularla birlikte yaşanır. Sorun sahibi, sorunundan dolayı kızgınlık, öfke, üzüntü, dışlanma, endişe, kaygı, merak gibi güçlü duygular içinde bulunabilir. Özellikle çocuklar, duygularını sözle ifade etmekte güçlük çeker ve bunları dolaylı bir şekilde dile getirmeye çalışırlar. Zira, her ne kadar duygusal bir toplumsak da, duyguları açıkça dile getirmek ayıp addedilir. Özellikle, kızgınlık, kıskançlık, kaygı gibi güçlü duygular doğrudan ifade edilmediği gibi, bunları hissetmiş olmak bile ayıp veya güçsüzlük olarak algılanabilir. "Sana çok kızıyorum," diyeceğimize, "Sen zaten hep beni üzmek istersin," deyiveririz.

Bu gibi durumlarda, çocuğa veya sorun sahibine yardımcı olabilmek için söylenenleri iyice anlamaya çalışıp söylediklerini:

1) Kısaca **tekrar** edebiliriz veya kendi kelimelerimizle **özümleyebiliriz.**

Örneğin:
"Emre, çok kötü bir çocuk. Topumu aldı, vermiyor..."
"Ne ayıp, kardeş kardeş oynayamıyor musunuz?" **yerine**
Sözleri özümleme, duyduğunu tekrar etme:
"Demek Emre topunu aldı, vermiyor..."
"Evet, hep beni kızdırıyor..." diye devam eder.

Diğer bir örnek; Esra:
"Fizik dersini hiç anlamıyorum..."
"Biraz daha dikkat edersen anlarsın," veya, "Okulda bir arkadaşına sor, anlatsın," **yerine**
Sözleri özümleme, duyduğunu tekrar etme:
"Fizik dersi sana zor geliyor."
"Evet, hoca da bana taktı galiba..." diye devam eder.

Neden tekrar? Duyduklarını tekrar etme, daha doğrusu, dinleyenin kendi kelimeleri ile özümlemesinin yararları şunlardır:

- Söylenene ayna görevi görür.
- Söylenenlerin aynen duyulduğunu, yani başka anlam verilmediğini, yanlış anlaşılmadığını kanıtlar.
- Soruna hemen çözüm getirmez, dolayısıyla konuşan kişinin sorununu daha etraflıca düşünmesine ve çözümü kendi bulmasına yardımcı olur; çocuklarda bu tür yaklaşım, onların daha sorumlu ve bağımsız olmalarına yardımcı olur.
- Sorunun yüzeyde kalmayıp, eğer varsa, daha derin boyutuna inebilmesine müsaade eder, olanak sağlar. Fizik dersi örneğinde, asıl sorunun hocayla olduğunun ortaya çıkması gibi.
- Konuşan kişi tam olarak ve yorumsuz duyulduğunu hissettiğinde güven kazanarak konuşmaya devam eder.
- Dinleyen kişi, ufak bir tekrar ve özümlemeyle, konu üzerinde düşünmeye vakit kazanır ve hemen çözüm getirme sorumluluğundan arınır.

2) Konuşan kişinin **duygularını** dile getirebiliriz. Bir evvelki örneği ele alırsak:

Metin: *"Emre çok kötü bir çocuk. Topumu aldı vermiyor..."*

Metin ne hissediyor?: Kızgınlık, öfke.

Yanıtımız: *"Bu seni çok kızdırıyor,"* olabilir.

Esra'nın sorununa dönelim:

"Fizik dersini hiç anlamıyorum."

"Fizik dersi sana zor geliyor..." (başka kelimelerle tekrar)

"Evet, hoca da bana taktı galiba..."

"Hocanın seni sevmediğini zannediyorsun..." (başka kelimelerle tekrar).

"Evet, ne zaman parmak kaldırsam, beni kaldırmıyor, parmak kaldırmadım mı, hemen bana soruyor..."

Esra ne hissediyor? Başarısızlık, çabasının takdir edilmemesinden dolayı tedirginlik, üzüntü.

Yanıtımız: *"Çaba gösterdiğinde (parmak kaldırdığında) takdir etmesini isterdin, bu seni üzüyor..."* (tekrar + duygular).

Neden duygular? Duyguların dile getirilmesi konuşan kişiyi rahatlatır, dolayısıyla o, anlaşıldığını hisseder, sorunun yükü hafifler, ayrıca da duygularının yoğunluğu davranışlarına aksetmez (kızgınlıkla kardeşine vurmak, tepinmek, bağırmak gibi). Ayrıca, duyguların isimlendirilmesi, çocuğa da kendi duygularını ayırt etmeyi, isimlendirmeyi öğretir. Bu şekilde bir iletişim içinde büyüyen çocuklar, kendilerini daha açık ve dolaysız ifade ederek sorunlarını daha kolay çözümleyebilirler.

Dolayısıyla, çocuğumuz veya herhangi bir kişi bize bir sorununu anlatmak istediğinde, yapabileceğimiz en yardımcı yaklaşım, söylediklerini iyice dinlemeye çalışıp (bedensel dinleme ve dikkat), söylenenleri kısaca özümleme ve varsa, duygularını ifade edebilmesine yardımcı olmaktır. Buna, **katılımlı dinleme** diyoruz.

KATILIMLI DİNLEME

Katılımlı dinleme, dinleyen kişinin duyduklarını tekrar etmesi, özümlemesi veya yansıtmasıdır. Böylelikle dinleyici, konuşanın gerçekte söylediklerini aynen anladığını, yani yanlış anlamadığını kanıtlamış olur.

Bu tekrarın veya özümlemenin içine, dinleyicinin çocukta (veya soru sahibinde) algıladığı duygular da eklenirse, konuşan kişi daha çabuk ve kolay rahatlamış olur. Bunu yapabilmek için de konuşan kişiyle (çocukla) empati, kurmak, yani kendini onun yerine koymak şarttır. "Ben onun yerinde olsam ne yapardım? Ne hissederdim?..." gibi... Örneğin:

Çocuk: "Öğretmen bana bağırdı, bütün sınıf da gülmeye başladı."

Duygu (Ben olsam ne hissederim?): Utanma.

Katılımlı dinleme: "Bu da seni utandırdı..." veya "Mahcup oldun."

Çocuk: "Evet özellikle Kenan'ın da onlarla gülmesine çok kızdım."

Yarım dinleyeceğinize...

Dikkatle dinleyin.

Biri bir şey anlatırken, dikkatle dinlenmesi onu rahatlatır. Dinlemek, ilk önce bedenseldir.

Duygularını inkâr edeceğinize...

İsimlendirin.

Anne/baba, genellikle duyguları isimlendirmekten korkar. Çünkü duygulara isim vermek onları sanki ciddi hale getirecektir. Halbuki aslında tam tersi geçerlidir. Duyguları isimlendirilen çocuk rahatlar. Sorununa daha objektif bir gözle bakar.

Katılımlı dinleme: "En iyi arkadaşından bunu beklemezdin."

Çocuk: "Evet, hiç değilse o benim tarafımı tutabilirdi."

Katılımlı dinleme: "Kenan'ın senin safında olmasını tercih ederdin."

Çocuk: "Evet, o da onlarla gülünce ben ortada sap gibi kaldım."

Katılımlı dinleme: "Kendini yalnız hissettin," veya "Kendini desteksiz hissettin."

Çocuk: "Evet... Ama önemli değil, Kenan benim iyi arkadaşım, aslında durum da çok komikti..." diye devam eder.

Bu örnekte de görüldüğü gibi, söyledikleri yorumlanmadan, çözüm getirilmeden ("Sen de bir daha böyle davranma," veya, "Sen de bir daha Kenan'la konuşma," gibi kişisel tepkiler vermeden) sadece yansıtılarak ve duyguları ifade edilerek sürdürülen konuşmada, sorun sahibi çocuk anlaşıldığı ve duyguları dile getirildiği için rahatlamış, sorunu o kadar da ciddi boyutlarda görmemeye başlamıştır. Duygular açıkça ifade edilme imkânı bulduklarında, genellikle önemlerinden kaybederler. Bunun dışında, konuşan kişinin sözlerinin **yorumsuz** tekrarı, kişiyle kendini, yani sorununu karşı karşıya bırakacağından, sorun gerçek yüzüyle gözükür. Bunu aynaya bakan bir kişiye benzetebiliriz. Giyindikten sonra aynaya bakarak nasıl göründüğümüzü görmek isteriz. İyi bir ayna, görüntümüzü aynen yansıtarak bize saçımız iyi taranmışsa belirtir, eteğimiz sarkıyorsa farkına varmamızı, elbisemizde bir leke varsa görmemizi sağlar. Ancak iyi olmayan, çarpıtan bir ayna –lunaparklarda rastladığımız çarpıtıcı aynaların uzun boyluları kısa, zayıfları şişman gösterdiği gibi– bizi gerçekte olduğumuz gibi göstermediği gibi, görünümümüz hakkında yanlış fikirler verebilir. **Yorumlar da çarpıtıcı aynalar gibidir.** Olayları, gerçekleri olduğu gibi yansıtacağına, onları çarpıtırlar. İyi dinleyici, yorum getirmeyen, yani çarpıtmayan bir ayna gibidir. Konuşanın sözlerini tekrar etmekle ona söylediklerini yansıtıp, kendinin de duymasını ve görmesini sağlar. Yani, kişinin söylediklerini bir nevi kendisine dinletir. Bu, katılımlı dinlemeyle mümkündür.

Katılımlı Dinlemeye Bir Örnek

Damla: "Bugün okulda etek giymek istiyorum."

Anne: "İyi ama üşüyeceksin... Havanın ne kadar soğuk olduğunu görmüyor musun?"

Damla: "Olsun, üşümem... Pantolon giymek istemiyorum, okula etekle gideceğim."

Anne: (İçinden, 'Yine başladık, çıldıracağım... Uzun çorap da giymeyeceğini biliyorum, hastalıktan da yeni kalktın...) "Bak, daha yeni yeni iyileştin, etek giyersen..."

Damla: (İnatçı bir sesle) "Ben pantolon giymem..."

Anne: (İçinden 'Şu çocuğa bir güzel dayak atasım geliyor, böyle inatlaştı mı dayanamıyorum... Bir daha deneyeyim...') "Bak, etek giymene bir şartla müsaade ederim, o da yünlü uzun çoraplarını da giyersen..."

Damla: (Ağlamaklı bir sesle) "Ama anne, o çoraplar batıyor..."

Anne: (Haşin bir tavırla, ses tonunu yükselterek) "Neden batsın, bütün çocuklar giyiyor..."

Damla: "Hayır, Ayşe giymiyor, Ayşe okula her gün etek ve kısa çorapla geliyor."

Anne: (Katılımlı dinlemeyi öğrenmiştir. İçinden 'Tamam, şimdi sabırlı ol, katılımlı dinleme kullan') "Hmmm... Sen de okula Ayşe gibi etekle gitmek istiyorsun..."

Damla: "Evet, Ayşe her gün okula etekle geliyor, bir sürü de arkadaşı var..."

Anne: "Ayşe'nin çok arkadaşı var..."

Damla: (Annenin dönüşünden biraz şaşırmıştır) "Evet, herkes Ayşe ile oynamak istiyor, teneffüste hep onun yanına gidiyorlar."

Anne: "Hmmm... Bütün çocuklar Ayşe ile oynamak istiyorlar..."

Damla: "Evet, benimle oynasınlar istiyorum, ama onlar yine de Ayşe ile gidiyorlar..."

Anne: "Sen de Ayşe gibi çok arkadaşın olmasını isterdin."

Damla: "Evet, sonra Elif de hep Ayşe ile oynamak istiyor."

Anne: "Elif'in yalnız seninle oynamasını istiyorsun."

Damla: "Evet, aslında Elif Ayşe'yi sevmiyor..."

Anne: "Sevmediği halde yine de onunla oynuyor, bu da senin canını sıkıyor."

Damla: "Hmm... hm... İlle de Ayşe'ye benzemek zorunda mıyım?"

Anne: "Ayşe'ye benzemeden de iyi olduğunu düşünüyorsun..."

Damla: "Evet, hem ben de Burcu ile oynuyorum. Aslında etek giymesem de olur... Ben yine pantolon giyeyim..."

Şimdi bu gibi bir durumda normal olarak neler olabilirdi?

1) Anne katılımlı dinleme kullanmadan, tartışmayı en başındaki uzun çorap/pantolon seviyesinde tutabilir, bu konuda çocukla bir güç kavgasına girer; ya annenin dediği olur ve Damla sonraki davranışlarında iyice inatlaşır veya Damla'nın dediği olur ve anne Damla'ya içerlerdi.
2) Bu durumda da, anne esas sorun olan "Ayşe gibi popüler olmak" konusunu haliyle hiç algılamayacaktı.
3) Ayşe'nin popülerliği konusunda, anne kendi yorum ve tepkilerini getirebilir, "Sen de Ayşe ile oyna,", "Elif'le konuş," veya, "Sen de kendine başka arkadaş bul," gibi öneriler getirerek, çocuğun sorunu kendi kendine çözmesine engel olabilirdi.
4) Anne, dinlediklerini yansıtarak, yani katılımlı dinleme kullanarak çocuğun sorununu kendi kendine görmesine yardımcı oldu. Sonuçta Damla'nın ille de Ayşe'ye benzemek zorunda olmadan da iyi ve değerli olabileceğini kendi kendine anlamasına neden oldu: Anne bu konuda öğüt vermek istese ("Ayşe ne yaparsa yapsın, o benim kızım değil; başkalarına benzemek iyi değildir, sen kendin neyi doğru buluyorsan onu yapacaksın," gibi) büyük olasılıkla aynı etkililikte olamayacaktı; zira:
   a- Yetişkinler ve çocuklar, **kendi çözüm ve önerilerini** başkalarının nasihatlerinden daha kolaylıkla uygulayabilirler.
   b- Bir kişi sorunuyla yüklü olduğu zaman, hiçbir nasihati dinleyemez.

5) Çocuk dinlenmediğini ve anlaşılmadığını hissetseydi etek konusunda ısrar edip inatlaşacaktı. Bu durumda, duygularının anlaşılıp dile getirilmesi çocuğu rahatlattığı gibi, sorunun önemini de azalttı.

KATILIMLI DİNLEME ZAMAN KAYBI MIDIR?

Şimdi, birçoğumuz, "Ben bu şekilde dinleyemem, en ufak sorun bu kadar uzarsa halimiz ne olur?" diye düşünebilir ve umutsuzluğa kapılabilir. Ancak, soruna alışageldiğimiz tarzda, yani ilk aşamada çözüm getirmek (yani zorla pantolon veya uzun çorap giydirmek), belki o günlük sorunu kısa yoldan halledecek, anne de sorunun çözümlendiğini zannedecektir. Ancak bu şekilde çözümlenen bir sorun ertesi gün ve daha ertesi gün tekrar edeceği gibi, çocuğun da içerleme ve kızgınlık duygularına neden olacağından, çocuk sürekli direnecek, ayrıca bu direnç ve kızgınlığını diğer ufak tartışmalara da aktaracak, sonuçta anne, "Çocuğum hiç söz dinlemiyor, ne dersem karşı çıkıyor," diye hayıflanacaktır. Genellikle güç kavgası şeklinde hallolan sorunlar, daha fazla güç kavgasına neden olurlar, evde sürekli gerginlik ve tartışma havası devam eder. Bütün bu tartışmalarla, direnmelerle uğraşmak daha fazla zaman kaybına neden olmuyor mu? Bütün bunlara enerji harcamak yerine, o an beş veya on dakikalık bir dinleme daha tasarruflu görünmüyor mu?

Gerçek dinleyici olmak, kontrol ve sabır gerektiren bir yaklaşımdır. Çocuk olsun yetişkin olsun, biri bir sorunla bize başvurduğu zaman en kolay yaptığımız şey, hemen bir çözüm bularak sorunu giderme yollarını aramaktır. Çok basit bir örnekle, bu şöyle anlatılabilir.

Sorun: "Çok üşüyorum..."
Çözüm: "Hırkanı giy."
veya **katılımlı dinleme** ile:
"Çok üşüyorum..."
"Hava bayağı soğuk..."

"Evet, biraz yanına gelebilir miyim?"

"Tabii... Biraz yakın olmak istiyorsun ha?..."

"Evet, bugünlerde kendimi çok yalnız hissediyorum..." ve devam eder.

Tabii, burada ilk tepkimiz, sürekli her söylenenin arkasında bir anlam veya maksat mı arayacağız? Ancak, konuşma şu şekilde neticelenebilir:

"Çok üşüyorum..."

"Üşüyorsun demek..." veya, *"Hava bayağı soğuk."*

"Evet, iyisi mi bir hırka giyeyim..." veya, *"Sıcak bir şey içebilir miyim?"* gibi.

Demek ki, söylenenlerin arkasında saklı bir anlam yoksa, zaten yoktur. Ancak, çözüm de mutlaka dinleyenin düşündüğü çözüm (hırkanı giy) değildir. Üşümeye karşı farklı çözümler mevcuttur, bütün sorunlarda olduğu gibi... Hemen çözüm getirmeyen dinleyicinin bu tavrı, konuşanın düşüncesini kesmediği gibi, en uygun çözüm üzerinde de kendisinin (yani sorun sahibinin) düşünmesini sağlar. Bu da her iki taraf için çok yararlıdır:

1) Konuşan kişi, özellikle çocuk, kendi çözümünü kendi bulmayı, dolayısıyla sorunları karşısında bağımsız olabilmeyi, onları daha etraflıca düşünmeyi ve dolayısıyla sorunlarına daha yaratıcı bir şekilde yaklaşmayı öğrenir.
2) Dinleyen kişi, özellikle anne veya baba ise, **her soruna kendinin bir çözüm getirmesinin zorunlu olmadığını yaşayarak** anlar ve daha rahat eder, üzerinden bir yükümlülük kalkar, her şeyi kontrol etmesi gerekmez. Özellikle her soruna koşturup bir çözüm getirmeye çalışan anne/babanın çocuklarında zamanla görülen direnci yaşamaz.

Bu nedenle en çok dikkat edilmesi gereken nokta, **sorunla karşılaşıldığında, hemen çözüm sunmamaya kendini alıştırmaktır.** Bu pek tabii, o kadar kolay bir işlem değildir, zira, bu gibi bir ortamda yetişmişsek (evde büyüklerimizin ne yapmamız gerektiğini sürekli söylemesi gibi) veya sürekli çözüm önerme alışkanlığını geliştirmişsek, bize bir sorunla gelindiğinde aklımıza ilk gelen şey hemen bir çözüm önermek olacaktır.

Bu durumu açık bir dille anlatan bir şiire kulak verelim:

Dinle (1)

Sana, beni dinlemeni söylediğimde
bana öğüt vermeye başladın
söylediğimi de yapmadın

Sana, beni dinlemeni söylediğimde
bana niye demeye başladın
duygularımı ayaklar altına alıp çiğnedin

Sana, beni dinlemeni söylediğimde
kendini buna zorunlu duyumsadın,
sorunlarımı çözmeyi ister gibi davrandın
sonunda beni de başarısızlığa uğrattın.

Dualar belki de bazı kişilere yardımcı olur
çünkü
Tanrı öğüt vermez, suskundur.
Ve durumları düzeltmeye çalışmaz
O yalnızca dinler ve işinizi
kendinizin çözümleyeceğinize inanır.

Öyleyse lütfen dinleyin ve beni işitin.
Eğer konuşmak istiyorsanız
birkaç dakika sıranızı bekleyin
O zaman ben de sizi dinleyeceğime
söz vereyim.

---

(1) Buscaglia, Leo, *Birbirimizi Sevebilmek*, İnkılâp Kitabevi, 1985.

---

(1)

Bilinçlenme Alıştırması

1) Bu hafta içinde kendinizi izleyin. Çocuğunuzun sorunlarına ne kadar sık çözüm getiriyor veya öneriyorsunuz?

....

....

2) Bu hafta içinde çocuğunuz bir sorunla geldiğinde hiç çözüm getirmemeyi deneyin, aklınıza gelen bütün çözümleri yutun ve çocuğa, "Sen ne düşünüyorsun?" veya, "Sence bunu nasıl halledebilirsin?" gibi sorular sorarak çözüm düşünmesini sağlayın. (Pek tabii ki, çocuğun her çözümünü kabul etmek zorunda değilsiniz ve çocuk hiçbir çözüm düşünemiyorsa, siz önerebilirsiniz, ancak ilk çözümü ondan beklemenin yararları çoktur: Çocuk önemsendiğini hisseder ve sonradan sizin çözümünüzü de daha kolay kabul eder.)

ÇOCUĞU DİNLEMENİN YARARLARI

Çocuğu dinlemenin yararları çoktur. Çocuk konuşurken dinlendiği zaman:

1) Konuşma yeteneği artar, kendini daha iyi ifade etmesini öğrenir, kelime bilgisi zenginleşir.
2) Bir derdi varsa, bunu davranışla göstermek yerine (saldırganlık, hırçınlık, ağlamak, içine kapanmak gibi), sözle ifade ederek rahatlar, bu da hırçınlaşmasına, içine kapanıp üzülmesine, daha ileride derslerini veya sosyal hayatını olumsuz etkilemesine engel olabilir.
3) Anlaşıldığını hisseden çocuk, kendini daha huzurlu ve rahat hisseder, bu da çocuğun kişisel ve sosyal gelişmesine yardımcı olur. Çocuğun kendine güveni artar.

4) Çocuk ile anne veya baba arasında bir yakınlık doğar, çocuk onlara danışır ve diyalog kurar.
5) Söyledikleri dinlenen çocuk da anne/babasının sözünü dinlemeye başlar.

Alıştırma

Aşağıda bazı çocukların ifade edebileceği ufak sorunlar sıralanmıştır. Bunlara verebileceğiniz bir katılımlı dinleme yanıtı düşünüp bunu boşluğa yazın. Örnek:

Çocuk: "Şu Ali'ye bir yumruk atasım geliyor."
Duygu: Kızgınlık.
Katılımlı dinleme yanıtı: "Ali'ye çok kızıyorsun galiba."

1) *Çocuk:* "Ayşeler başka bir semte taşınıyorlarmış... Ayşe benim en iyi arkadaşım..."
Duygu:

....

Katılımlı dinleme yanıtınız:

....

2) *Çocuk:* "İki damla yağmur yağdı diye, hemen, gezmeye gitmeyelim diyorsun."
Duygu:

....

Katılımlı dinleme yanıtınız:

....

3) *Çocuk:* (Gece yatakta) Anneciğim, garip bir çıtırtı duydun mu?
Duygu:

....

Katılımlı dinleme yanıtınız:

....

4) *Çocuk:* "Kimse benimle oynamak istemiyor, 'evine git' dediler..."

Duygu:

....

Katılımlı dinleme yanıtınız:

....

5) *Çocuk:* "Bugün de sokağa çıkman mı gerek?"

Duygu:

....

Katılımlı dinleme yanıtınız:

....

Cevap anahtarı:

1) Duygu: Üzüntü, ayrılmak istememek, terk edilmişlik, yalnız kalmak istememek.
   Katılımlı dinleme yanıtı: "Ayşe'den ayrılacağına üzülüyorsun değil mi?"
2) Duygu: Hayal kırıklığı, üzüntü.
   Katılımlı dinleme yanıtı: "Gezmeye gitmek için heveslenmiştin, gitmemek seni üzdü."
3) Duygu: Korku, kaygı.
   Katılımlı dinleme yanıtı: "Biraz korktun galiba..."
4) Duygu: Gocunmuş, incinmiş.
   Katılımlı dinleme yanıtı: "Böyle demeleri seni incitti, değil mi?"
5) Duygu: Terk edilmişlik, beraber olma isteği.
   Katılımlı dinleme yanıtı: "Sokağa çıkmamdan hoşlanmıyorsun.

NOT: Alıştırmaya yanıtlarınız, yukarıda önerilenlere tıpatıp benzemeyebilir, ancak önemli olan yakın olması veya çocuğun söylemek istediğini yorumsuz yansıtabilmesidir.

Alıştırma

Bu hafta içinde çocuğunuzun ufak sorun olarak dile getirmek istediklerini iyi bir dinleyici olarak dinlemeye çalışın. Sonuçlarını not edin.

Hatırlatma

İyi Bir Dinleyici Olmak İçin...

1) Dinlerken bedensel olarak dinleme durumuna girin ve dikkatle dinleyin.
2) "Hmmmm", "Evet" gibi sözcüklerle konuşulanı takip ettiğinizi belirtin.
3) Söylenenleri duyduğunuzu belirtin ve tekrar, özümleme yapın.
4) Konuşanın duygularını isimlendirin.
5) Soruna hemen çözüm getirmeyin. "Ne yapmayı düşünüyorsun?" diyerek çocuktan ilk çözümü bekleyin.

Rahatı Kaçan Ağaç

Tanıdığım bir ağaç var
Etlik bağlarına yakın
Saadetin adını bile duymamış
Tanrının işine bakın

Geceyi gündüzü biliyor
Dört mevsimi, rüzgârı, karı
Ay ışığına bayılıyor
Ama kötülemiyor karanlığı

Ona bir kitap vereceğim
Rahatını kaçırmak için
Bir öğrenegörsün aşkı
Ağacı o zaman seyredin.

Melih Cevdet Anday
(*Rahatı Kaçan Ağaç*'tan)

7

Anne/Babanın Kızgınlığını Duyurması

"SANA ÖYLE KIZIYORUM Kİ!"

Şimdiye kadar çocuğumuzun davranışlarına olumlu gözlerle bakmayı, olumlu yönlerini keşfetmeyi ve bunları artırmak için takdiri bilinçli bir şekilde kullanarak olumsuz tepkilerimizi ertelemeyi öğrendik. Ancak iyi niyetimiz ne kadar büyük, sabrımız da ne kadar geniş olursa olsun, yine de çocuğumuzun bazı davranışlarına kızmadan edemeyiz. Hele, bazı belirli davranışlar bizi özellikle öfkelendirir, 'bam telimiz'e basarsa?!

Kızgınlık ve öfke, gerçekten zapt edilmesi zor duygulardır. En sık kullanılan ve kızgınlığı en kolay giderme yolu, içimizde kabaran bu duyguyu dışarı vurmak, bağırmak, kızmak ve belki de davranışlarla da ifade edip saldırgan hareketlerde bulunmaktır (dayak, tartaklama, saçını çekme, kapıyı hızla çarpma, elindekini şiddetle yere atma, deliler gibi bağırma vb). Ancak, bu gibi hareketler karşımızdaki kişiyi, özellikle de çocuğu çok korkuttuğu gibi, onun da kızmasına ve neticede ilişkinin bozulmasına neden olabilir.

Bunun karşılığında kızgınlığı yutmak, belli etmemek, sabırlı olmaya çalışmak, kendini sürekli tutmak da pek fayda etmez, zira öfke ve kızgınlık birikmiş enerji gibidir, en olmadık yerde ve en olmadık şekilde ortaya çıkıverir, patlak verir. Kızgınlık ve öfkenin zamanında ifade edilmeyip biriktirilmesi sonucu, en ufak bir olumsuz hareket kızgınlığın bir yanadağ gibi patlamasına, dışarıya akmasına, boşalmasına neden olur. Sonuç, gerek çocuk için çok şaşırtıcı, kaygılandırıcı ("Bunun için bu kadar kızılır mı? Annem/babam böyle kızdığı zaman çok ürkütücü oluyor... Nereye saklanacağımı, ne yapacağımı bilemiyorum, çok korkuyorum..."), gerekse anne veya baba için, özellikle de aşırıya kaçılmışsa, pişmanlık ve suçluluk duyguları uyandıran bir durumdur. (Bu suçluluk duygularının olumsuz etkilerini "Fiziksel Disiplin Yöntemleri (Dayak)" bölümünde görmüştük. Bunun dışında, kızgınlığın ifade edilmeyip sürekli biriktirilmesi, –içe atılması– migren, hazımsızlık, gastrit, ülser gibi psikosomatik rahatsızlıklara, keyifsizlik, hiçbir şeyden tat alamama ve depresyona neden olur.

KIZGINLIK NEDİR?

Dr. Gordon, kızgınlığı bir buzdağına benzetir. Buzdağları, deniz yüzeyinde sürüklenen buz kütleleridir. Buzdağlarının deniz üstünde gözle görülen buz adasına karşılık, suyun altında kalan bölümü daha büyüktür. Dr. Gordon, suyun altında kalan bölüme *temel duygular*, suyun üstünde buzlaşmış, kaskatı olarak üst tarafı görülen bölüme de *kızgınlık* adını verir.

Kızgınlık, birçok temel duygunun (merak, yalnızlık, itilmişlik, üzüntü, kaygı, haksızlığa uğramak gibi...) sertleşmiş, buzlaşmış, yani şekil değiştirmiş (kızgınlığa dönüşmüş) ifadesidir. Gerçekten de, çocuğumuzu çok merak ettiğimizde uzun süreli kaygılı bir bekleyişten sonra çocuk kapıyı çaldığında, ilk tepkimiz: "Neredeydin? Neden haber vermedin? Sen ne düşüncesiz çocuksun? Bir daha sokağa çıkmak yok!" gibi bir öfke gösterisinde bulunmaktır. Oysa gerçek temel duygumuzu (merak) dile getirebilseydik: "Seni öylesine merak ettim, öyle korktum ki..." diyebilirdik.

Dr. Ginott, öfkeyi "tekrarlaması yönünden" basit bir nezleye benzetir. "Ondan hoşlanmayabiliriz ama kaçamayız da. Onu yakından tanırız fakat ortaya çıkmasını engelleyemeyiz," der. Gerçekten de, öfkelendiğimiz, çok sinirlenip kızdığımız zaman, kendi kendimizi dahi tanıyamaz hale gelir, aslında söylemek istemediğimiz şeyleri söyler, yapmak istemediğimiz şeyleri yaparız. Büyüklerimiz

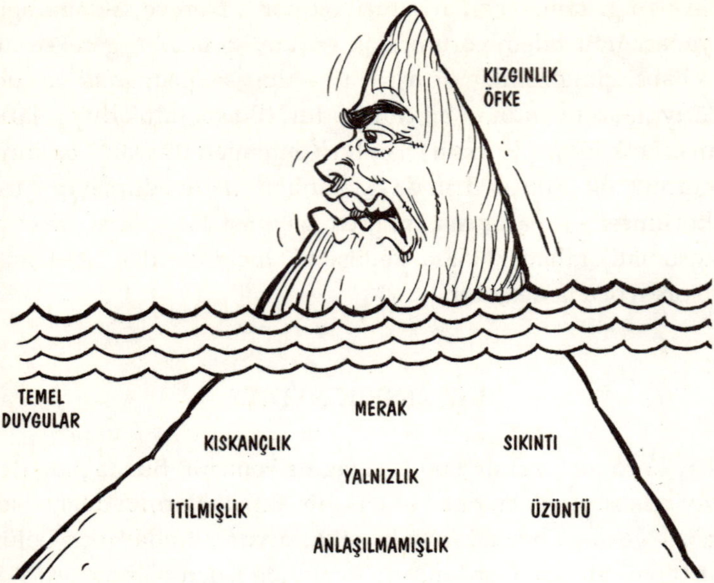

boşuna, "Öfkeyle kalkan zararla oturur," dememişler. Bu gibi aşırılıkları da nedense çocuklarımızda daha sık göstermeye yatkınız. Sanki onların bize bağımlı olmaları, küçük ve güçsüz olmaları, aynı şekilde yanıt verememeleri bize bu hakkı mı tanıyor? Kızgınlığımızı kendimize eşit veya kendimizden üstün birine yöneltirken dikkatli ve kontrollü olmaya çalışabiliyoruz da, neden öfkemize karşı savunmasız (üstelik kendi özümüz olan) küçük bir çocuk karşısında kendimizi kontrol edemiyoruz veya etmiyoruz? Küçük bir çocuğa bağırabiliyoruz (el kaldırabiliyoruz) da neden büyüyünce, örneğin 17-18 yaşına geldiğinde aynı şeyi yapamıyoruz? Bizi terk edebilir veya karşılık verebilir diye mi? Mantıkla bakıldığında bir haksızlık yaşanmıyor mu?

Kızgınlık ve öfke yaşam sürecinde, ikili ve çoklu ilişkilerde doğal ve gerekli bir duygudur. Ancak önemli olan, öfke ve kızgınlığı ifade etmemek değil, onu yapıcı bir şekilde ifade edebilmektir. Yani **yıkıcı, yaralayıcı kızgınlıktan, yapıcı kızgınlığa geçebilmek,** öfke ve kızgınlığı bilinçli bir şekilde kanalize ederek **etkin bir dille ifade** edebilmektir.

Kızgınlığın yapıcı bir dille ifade edilme yöntemlerine girmeden önce, kendimize yönelik bir bilinçlenme alıştırması yapalım.

Bilinçlenme Alıştırması

1) Beni en çok kızdıran şeyler:

....

....

2) Kızdığım zaman ne yaparım?

....

....

3) Çocuğumda en çok nelere kızıyorum?

....

....

4) Çocuğuma kızdığım zaman ne yapıyorum?

....

....

5) Çocuğunuza son zamanlarda kızdığınız iki olayı hatırlamaya çalışın. Kızgınlığınızın nedeni çocuğun bir kabul edilmez davranışı mıydı? Yoksa, çocuğunuz dışında başka bir olaya kızdığınızdan dolayı bahane mi arıyordunuz?

....

....

Kendi tarzımız hakkında bilinçlenmek ve yaptığımız veya yapabileceğimiz davranışları önceden bilmek çok yararlıdır. Bunları bilen kişi kendini daha kolaylıkla kontrol edebilir, davranış ve sözlerinde daha dikkatli olabilir.

Temelde kızgınlık iki nedenden doğabilir:

1) *Kişinin olumsuz ruh hali* (yani, o günkü veya o sıradaki yaşantısıyla ilgili olumsuz birikimler, istenmeyen olay veya sonuçlar).

2) *Karşı tarafın kabul edilmez bir davranışı.*

Yani kısacası, kızgınlığımızın nedeni ya bizden (özel yaşantımızdan) ileri gelir veya karşı tarafın kabul edilmez bir davranış veya sözünün bizde yarattığı olumsuz duygulardan. İlk bölümde bahsettiğimiz gibi, kişinin ruh halleri çok değişkendir. Kimi zaman işlerimiz çok iyi gitmiştir. Önemli bir derdimiz yoktur, sevdiğimiz bir şeyi yapmış veya sevdiğimiz bir kişiyi görmüşüzdür, o zaman sabır ve hoşgörü sınırlarımız hemen hemen sonsuz gibidir. Bu durumlarda, çocuğumuzun ufak yaramazlıklarını hoşgörüyle karşılar, güler geçeriz. Kimi zaman ise, işlerimiz ters gitmiştir, eşimize sinirlenmiş veya gücenmişizdir, sağlık sorunlarımızdan dolayı kaygılıyızdır veya maddi sorunlarımız vardır veya o gün herhangi bir nedenle huzursuz veya tedirginizdir. Bu gibi durumlarda, en ufak bir olumsuz hareket, gürültü veya söze hemen tepki gösterir, kızar bağırırız. Örneğin, ben özellikle, acelem olduğunda, bir yere yetişmem gerektiğinde, geç kaldığımda, yani üzerimde bir zaman baskısı olduğunda, çok asabi olduğumu, en küçük şeye dahi sinirlendiğimi bilirim. Bu özelliğimin farkına vararak karşı tarafı korumak, kırmamak veya evin havasını bozmamak için bir ön mesaj verebilir ve, "Şu anda çok acelem var ve çok sinirliyim. Sakın bana ilişmeyin," derim. Bu gibi bir ruh halinin bilincinde olup, kendini ve ailesini korumak için yaratıcı bir yöntem uygulamaya başvuran bir annenin ilginç öyküsünü dinleyelim:[1]

---

(1) Faber, A. Mazlisk, E., *How To Talk So Kids Will Listen and Listen So Kids Will Talk*, Avon Publishers, 1980.

"Ani bir hevesle işyerindeki arkadaşları toplantı için eve davet etmiştim. 20 kadar kişi geleceğinden o kadar asabiydim ki işten erken ayrıldım. Eve geldiğimde, ev altüst durumdaydı; gazeteler, kitaplar ortalıklarda, yataklar yapılmamış, banyo altüst. Çocuklar da neredeyse okuldan dönecekti. Her şeyi düzeltmem için ancak iki saatim vardı. İzah etmeye dahi vaktim olmadığından bir not yazmaya karar verdim. Ancak büyük bir karton bulabildim, aceleyle üstüne, "İNSAN BOMBASI! KIZDIRILIRSA PATLAR! MİSAFİR GELİYOR, ACELE YARDIMA İHTİYAÇ VAR!" diye yazdım ve bir sicimle boynuma astım, ardından deli gibi işe giriştim. Çocuklar eve geldiklerinde notu okudular ve hemen bana yardıma giriştiler. Hiçbir şey söylemeden yatakları yapıp etrafı düzeltmeme yardım ettiler. Tam banyoyu düzeltirken kapı çalındı. Bir ara panikledim, ancak kapıdaki, fazladan iskemle istediğim komşumdu. İçeri buyur ettiğimde girmek istemedi. Sürekli göğsüme bakmaktaydı. Üstüme baktım ve aniden notun hâlâ göğsümde olduğunun farkına vardım. İzah etmeye çalışırken, adamcağız: 'Ziyanı yok hanımefendi, sakinleşin, sakinleşin, ben iskemleleri içeri alırım,' dedi."

Kızgınlığı yıkıcı bir şekilde dile getirerek istenmedik olaylara neden olmak yerine, **bilinçlenerek önceden tedbir almak,** gerek karşı tarafı (çocuğu), gerek kendimizi, gerekse ilişkimizi korur.

Kişisel nedenler dışında, aşırı gürültü, kalabalık, acele, baskı, işlerin kötü gitmesi, sinirli bir kişinin yanında olma gibi çevresel faktörler ve yorgunluk, açlık, baş ağrısı, kadınların ay hali, sağlık sorunları gibi bedensel faktörler de hoşgörü sınırlarımızı zorlar ve bu gibi huzursuzlukların kızgınlığa dönüşmesine neden olabilir. Dolayısıyla, eğer aşırı hırçın olduğumuzu, çocuğa fazla kızdığımızı fark ediyorsak, "Neden bu kadar sinirliyim? Gerçekten çocuğa mı kızıyorum? Yoksa kızmak için bahane mi arıyorum?" diye kendine bir düşünme payı ayırıp bilinçlenmek çok yararlıdır. Bu şekilde, çocuğu bahane edip kızgınlık duygularımızı boşaltma, dolayısıyla rahatlama (karşılığında da çocuğu kırma, ona yüklenme, ilişkiyi bozma) yerine, bilinçli bir şekilde çocuğu ve çocukla ilişkimizi korur, kızgınlık ve öfke duygularımızı gidermek için başka bir çareye başvurabiliriz. Kimi insan kızgınlığını sokağa çıkıp yürüyerek, kimi odasına kapanarak kendi kendine, kimi bir arkadaşıyla konuşarak, telefon ederek giderir, kimisi ise örgü örmek, kitaplık düzeltmek, yemek yapmak (veya yemek) gibi uğraşılarla. Ben çok kızgın olduğum zaman, bu kızgınlığımı, düşünce ve duygularımı sürekli yazarak gidermeye çalışırım. Tanıdığım bir hanım, kızdığı zaman mutfağındaki bütün tencereleri dolaplardan indirir ve telle parlatırdı. Bu şekilde öfke duygularını hareketle boşaltma ve rahatlatma yolunu seçmişti.

Acaba siz kızgınlık ve öfke duygularınızı karşı tarafa zarar vermeden nasıl giderebilirsiniz?

....

....

....

....

Ancak bazı durumlarda, pek tabii, sokağa çıkmak, bir arkadaş bulup konuşarak rahatlamak veya örgü örerek kızgınlığını gidermeye ortam ve vakit yoktur.

Bu gibi durumlarda, gerçekten kızgınlığımız kendimizden kaynaklanıyorsa, en yapıcı yöntem, tedbir alıp karşı tarafa haber vermektir: "Ben bugün çok sinirliyim, lütfen bana ilişmeyin.", "Çok yorgunum, en ufak gürültü beni sinirlendirecek, lütfen odanızda oynayın.", "Bugün ... nedenle biraz asabım bozuk, beni kızdırmamaya dikkat eder misin?"

Bu şekilde bir taleple karşılaşan çocuk, anne (veya babayı) anlar, duygusuna veya durumuna saygı duyar ve ona yardım etmek için dikkat etme yolunu seçer.Bu gibi bir yaklaşım, çocuğa kızgınlık ve öfke duygularının doğal olabileceğini anlattığı gibi, bu duyguların yıkıcı olmadan da giderilebileceği mesajını vererek çocuğa iyi bir örnek oluşturur.

"SEN ZATEN HEP BÖYLESİN!"

Şimdiye kadar, kızgınlık kendimizden kaynaklandığı zaman çocuğu kırmamak ve ilişkimizi bozmamak için neler yapabileceğimizi konuştuk. Şimdi ise, kızgınlığımız gerçekten çocuğun bir davranışı veya sözünden kaynaklanıyorsa, neler yapabileceğimizi gözden geçirelim. Gerçekten de çocukların bazı davranış veya sözleri bizde göz ardı edilemeyecek derecede hoşnutsuzluk, kızgınlık duyguları yaratabilir. Kaç kere tembih ettiğimiz halde taşın üstünde yalınayak dolaşması, burnunu karıştırması, yeni koltuğun üzerine boya sürmesi, ters cevap vermesi gibi... Bu gibi durumlarda, genellikle kızgınlığımızı aniden ifade eder: "Neden dikkat etmiyor**sun**?... **Sana** bin kere tembih ettim, ne laf dinlemez çocuk**sun**... Geri zekâlı... Bıktım **senden,**" gibi sözler sarf ederiz. Burada dikkat edersek, sürekli "sen" diye hitap etmekteyiz. "Neden doğru dürüst yemek yemiyor**sun**?... **Sen** çok yaramaz bir çocuk**sun**... Salak **sen** de..."

Sen diyerek sarf edilen bu sözler, aslında karşı tarafın, yani çocuğun kişiliğine bir saldırıdır. Bu tür ifadeler çocuğu gocundurur, üzer, güvenini sarsar, ayrıca da sinirlendirir, kızdırır ve direnmesine neden olur. Kendimizi ele alalım: "Akşam sofrayı kurarken elimizden bir tabak düşürsek, eşimiz: "Ne sakar şey**sin.** Bir sofrayı bile doğru dürüst kuramıyor**sun.** Her şeyi kırıp döküyor**sun,**" dese veya bir hesap yaparken yanlışlık yapsak: "Ne geri zekâlı**sın.** Bir hesap bile yapmaktan aciz**sin**..." dese veya annemiz, "Ne biçim anne**sin** **sen**? Çocuklarına bakmasını bilmiyor**sun**..." dese, neler hissederiz acaba?

Davranışımızı ne kadar değiştirmek isteriz?

....

Bu sözleri söyleyen kişiye karşı neler duyarız?

....

Sen diliyle olumsuz duygularımızı dile getirmek, eleştirmek, hoşnutsuzluğumuzu belirtmek, karşı tarafa çok olumsuz duygular yükler. Çocuk kendini itilmiş, sevilmemiş, reddedilmiş hisseder, özgüveni sarsılır. Özellikle "gerizekâlı... salak" gibi sıfat ve lakaplar çocukların benliğini çok zedeleyicidir. Bir süre sonra çocuk bunların gerçek olduğuna inanabilir. Kişiliğine gelen zararların dışında sen diliyle ifade edilen hoşnutsuzluk ve eleştiri sözleri, çocuğun direnmesine, karşı gelmesine, kızmasına ve dolayısıyla söz dinlememesine neden olur.

Bilinçlenme Alıştırması

1) Bu hafta içinde kendi konuşma tarzımızı inceleyelim. Kızgınlığımızı, hoşnutsuzluğumuzu ifade ederken sen dili kullanıyor muyuz?

....

....

2) En sık kullandığımız **sen** mesajları nelerdir? ("Zaten sen adam olmaz**sın**." "Hiç laf dinlemiyor**sun**," gibi.)

....

....

3) Çok sık kullandığımız sıfatlar, nitelemeler var mı? (Gerizekâlı, salak, tembel gibi.)

....

....

4) Bunlardan arınmayı göze alabilir miyiz?

....

....

Beğenmediğimiz ve göz ardı edemediğimiz davranışlara tepki gösterirken **sen diliyle** konuşmanın sakıncaları çoktur. Ancak, sen dili yerine kullanabileceğimiz başka bir tarz ne olabilir acaba?

Bu yeni tarza **ben dili** diyebiliriz.

BEN DİLİYLE KONUŞMAK

Ben diliyle konuşmak, kişinin sadece kendinden konuşması veya kendini övmesi, öne sürmesi demek değildir. Ben dili, kişinin o anda, karşılaştığı durum veya davranış karşısında, **kişisel tepkisini duygu ve düşüncelerle açıklayan** bir ifade tarzıdır, yani duygu ve düşüncelerimizi içtenlikle ifade eden sözcüklerdir. Örneğin, sevdiğimiz bir arkadaşımızı ziyarete gittiğimizde: "Ooooo, buyur gir içeri lütfen," gibi alışılagelmiş bir tarzla karşılaşmak yerine, "Geldiğine ne kadar **sevindim** bilsen," diyen bir **ben mesajı,** bize herhalde daha sıcak bir duygu verir... Aynı şekilde, annenizi uzun süre ziyarete gitmemişseniz, onun: "Şimdiki nesil artık böyle, büyüdüklerini düşünmezler.

Beni ziyarete gelmeyeli ne kadar oldu biliyor musun?" gibi suçlayıcı bir sen mesajı yerine, "Uzun zamandır seni göremedim, **özlemişim,** geldiğine çok **sevindim,**" veya, "Keşke daha sık gelebilsen, çok mutlu **oluyorum** geldiğin zaman," gibi gerçek duygularını anlatan bir ben mesajı, sizi o durumda hemen savunmaya geçmekten ve tartışmaktan korumaz mı? Hatta ziyaretleri daha istekli, sık yapmaya sevk etmez mi?

Demek oluyor ki, Ben mesajları **bizimle, gerçek düşünce ve duygularımızla, "özümüzle" ilgili iletilerdir. Başkaları hakkında değerlendirme ve yorumlarımızı değil, bizim duygu ve yaşantılarımızı açıklar.** "Ne saygısız çocuksun. Anneyle bu şekilde konuşulur mu? Terbiyesiz," gibi bir **sen mesajı** yerine, "Bu şekilde cevap verdiğin zaman son derece kırılıyorum, üstelik bana saygı duymadığını düşünüyorum," diyen bir **ben mesajı,** duygularımızı *(kırılıyorum),* düşüncelerimizi *(bana saygı duymadığını, düşünüyorum)* açıkladığı

Kızıp suçlayacağınıza...

Kendinizi ifade edin.

Çocuklar, kızgınlık ve öfkemizin gerçek nedenini anladıklarında, bize yardım etmek için davranışlarını değiştirebilirler.

Kızacağınıza...

Önceden tedbir alıp nedenleri açıklayın.

Önceden önlem alınıp durum ve duygular açıklandığı zaman, anlaşılma olasılığı çok daha yüksektir.

gibi, sen mesajının içerdiği saldırıyı da kaldırdığından, tartışmanın daha vahim boyutlar almasına engel olur.

Ben diliyle konuşmak duygu ve düşünceleri anında ilettiği için kullanılan kişiyi rahatlatır ("Neden böyle yaptın?" yerine, "Bu davranışına çok içerledim,"); kızgınlık ve öfke gibi birikimleri önler ("Arsız, anneyle böyle konuşulur mu?" yerine, "Benimle bu şekilde konuşman beni kırıyor,") annenin de **beklentileri, hakları** ve **duyguları** olduğunu açıklar. Duyguların açıklanması ve ifade edilmesi çok önemlidir. Zira inançlar, düşünceler, zevkler ve değerler kişiden kişiye değişse de **duygular bütün insanlarda aynıdır**. Korkarsak hepimiz aynı şekilde korkar, üzülürsek aşağı yukarı aynı şeyleri duyar, sevinirsek de aşağı yukarı aynı şekilde seviniriz. Duyguların kişiden kişiye farkı, ancak 'daha çok, daha az' gibi derecelerle ayırt edilebilir. Ancak, çocuklar duygularla daha yoğun olarak yaşadıklarından, duyguların ifadesi, onların durumu daha iyi anlayabilmelerine, kendilerini anne veya babanın yerine koymalarına ve dolayısıyla annede (veya babada) olan etkiyi fark ederek, davranışlarını onlar için değiştirmek istemelerine yol açar. Çocuğun bir davranışı bize kabul edilmez gibi göründüğünde, gerçek düşünce ve duygularımızı çocuğu suçlamadan ortaya koymak (yani **sen dili** yerine **ben dili** kullanmak), çocuğun savunucu tutuma geçmeksizin durumdaki rolünü ve sorumluluğunu görmesine yardımcı olur. Dolayısıyla çocuk, kabul edilmez davranışını bize yardımcı olmak için değiştirmeyi göze alabilir.

Çocuklar, henüz biz büyükler gibi mantıksal olarak düşünmedikleri için, bazı uyarılarımızı anlamayabilirler: "Kardeşler kavga etmemelidir." Neden? Buna karşılık açıklayıcı bir ben mesajını daha iyi anlayabilirler: "Kardeşinle kavga ettiğiniz zaman başım çok ağrıyor, ayrıca da üzülüyorum." Çocuk annesine bu olumsuz duyguyu yaşatmamak için **davranışının sorumluluğunu** alıp değiştirmeyi göze alabilir.

Çocuğu suçlayacağınıza…

Duygularınızı ifade edin.

Çocuğu cezalandıracağınıza…

Kabul edebileceğiniz bir yol gösterin.

Çocuk, yaptığı kabul edilmez davranışların farkındadır. Suçlanırsa daha çok savunuculuğa geçer. Olay kavgaya dönüşür. Buna karşılık annenin (babanın) gerçek duyguları ve alternatifler, çocuğu onlarla işbirliği yapmaya yöneltir.

SEN DİLİ YERİNE BEN DİLİYLE KONUŞMAK

Çocuğun kabul edilmez davranışları karşısında alışılagelmiş tepkilerimiz şöyledir:

Örnek: Anne işten eve yorgun gelmiş, divana uzanmış dinleniyor. Çocuksa mutfaktan tencere kapaklarını almış birbirine vurarak evi dolaşıyor:

Anne: "Aliiii, kes şu gürültüyü..."

Çocuk: "Dan, dan, dan..."

Anne: "Aliiii, sana gürültü etme diyorum..."

Çocuk: "Dan, dan, dan..."

Anne: "Bu çocuk bir gün beni öldürecek, Aliii, sana sus diyorum, şimdi kalkarsam görürsün gününü..."

Çocuk: (Devam eder)...

Anne: "Şimdi o kapakları alıp da kafana çalayım... Geri zekâlı... Sana yapma demedim mi?..."

Çocuk: (Devam eder) veya ağlar... "Ama anne, ben oynamak istiyorum."

Anne bunun yerine ne yapabilirdi?

1) Kabul edilmez davranışa yargı koyacağına **davranışı tanımlayabilirdi.** "Yaramaz, geri zekâlı," yerine, "Kapakları birbirine vurduğun zaman..."

2) Kabul edilmez davranışın **kendisi üzerindeki etkisini** açıklayabilirdi. "Bu çocuk beni öldürecek," yerine,"Başım ağrıyor," "Kapakları birbirine vurduğun zaman başım ağrıyor" **(etki).**

3) Durumun kendisinde yarattığı **duyguları** açıklayabilirdi. "Şimdi kalkarsam görürsün gününü," yerine, "Sinirleniyorum," **(duygu).**

Annenin bütün bir **ben mesajı** şöyle olabilirdi:

"İşten yeni geldim, çok yorgunum, kapakları birbirine vurduğun zaman müthiş başım ağrıyor, çok da sinirleniyorum."

Başka Örnekler

1) Mehmet (7 yaş) yemek yerken yemeği üstüne döktü. Annesinin henüz giydirmiş olduğu kazağı lekeledi. Genellikle Mehmet çok dikkatsiz yemek yiyor ve hem üstünü hem de masa örtüsünü sürekli lekeliyor.

Anne: "Ne pis çocuksun sen. Doğru dürüst yemek yemesini bilmiyorsun," yerine, "Yemeğini yerken sütü üstüne döktüğün zaman **(davranış tanımı)** tekrar yıkamam gerek **(etki)** ve boş yere yoruluyorum **(etki)** ve bunlara vakit harcadığıma da **(etki)** sinirleniyorum **(duygu).**"

Acaba Mehmet hangi tepkiye daha olumlu karşılık verir? Birinciye mi, ikinciye mi?

2) Çocuk sokakta oynadıktan sonra koşarak eve girdi: "Anneee, nerdesin?"

Anne: "Çabuk dışarı çık. Sana pis ayaklarla eve girme demedim mi? Ne laf dinlemez çocuksun," yerine, "Evi yeni silmiştim, çamurlu ayakkabılarla girdiğin zaman **(davranış)** tekrar silmem gerekiyor **(etki)**, bayağı sinirleniyorum **(duygu),** hem de yoruluyorum **(etki).**

Bu şekilde bir açıklamayla karşılaşan çocuk (sen mesajının uyandırdığı savunuculuğu da olmadığından), annenin neden kızdığını veya sinirlendiğini, neden çamurlu ayakkabılarla girmemesi gerektiğini daha iyi anlar, anneye küseceğine ("tamam, tamam, anladık") davranışını değiştirmeye, daha dikkatli olmaya yönelir.

3) Anne oturma odasında misafiriyle konuşurken, Ebru (5 yaş) sürekli gelip bir şeyler istiyor ve anneyi rahatsız ediyor.

Anne: "Ebru, ben sana odanda oyna demedim mi? Niçin laf dinlemiyorsun?" yerine, "Teyzenle önemli bir şey konuşuyorum. Sürekli bir şey istersen **(davranış)** ne söylediğimi unuturum **(etki).** Sözlerimi kesmeden biraz konuşmama imkân verirsen çok sevineceğim," **(duygu)** derse, çocuk annenin onu neden salonda istemediğini daha belirgin olarak (teyze ile konuşmak için; Ebru'yu istemediğinden, sevmediğinden değil) anlar, anneyle daha kolay işbirliğine girer. Böylelikle başkalarına saygıyı da öğrenmiş olur.

Bu tür yaklaşımlar çocuklarda sorumluluk ve işbirliği duygularını artırdığı gibi, hem söz dinlemelerine hem de anne veya babayı memnun etmek için davranışlarını düşünerek değiştirmelerine yol açar.

İşten çok yorgun olarak döndüğüm bir akşamüstü, salonda oturmuş kahve içerken, aynı odada arkadaşıyla TV seyretmekte olan Erez'in (6 yaş) arkadaşına: "Gel odamda oynayalım, televizyonu sonra seyrederiz," dediğini duymuş, hayretle onları izlerken Erez'in, "Annemin TV'den başı ağrır," dediğini duyarak iyice şaşırmıştım. Tabii, sonra Erez'e anlayışından dolayı teşekkür etmekten kendimi alamadım, bu arada ben mesajlarının **uzun süreli geçerliliğine** de daha çok inandım.

Ben mesajları istek, gereksinim ve duygularımızı bilinçli ve saygılı bir şekilde karşı tarafa anlattığından ve böylelikle de çocuğun bizi anlamasına olanak sağladığından, saygılı bir iletişim temeli kurar. Uzun bir süre ben mesajlarıyla uyarılan çocukların bir müddet sonra kendilerini ben mesajlarıyla dile getirdikleri gözlenmiştir.

Kızgınlık ve öfke gibi olumsuz duygularımızı yapıcı bir dille ifade etmek öğrenilebilir bir yöntemdir. Kızgınlığın veya olumsuz duyguların yapıcı ifadesi için önce **ne hissedildiği** hakkında bilinçlenmek, bu **duyguyu ifade etmek** ve buna, kabul edilmez davranışın kişi üzerinde yarattığı **etkiyi** eklemek gerekir. "Sokağa beraber çıktığımızda her gördüğünü istediğin zaman (davranışın tanımı) çok sinirleniyorum (duygu), zira hem para harcamam gerekiyor (etki), hem de her şeye 'hayır, olmaz' dememem gerekiyor (etki). Beraber çıkmanın keyfi kaçıyor (duygu)."

Bu durumun alışılagelmiş tarzda ifadesi aşağı yukarı şöyle olabilirdi: "Ne yaramaz çocuksun. Bir daha seninle sokağa çıkmayacağım. (Bir daha sefer seni evde bırakacağım!)"

Çocuk hangi ifadeyi daha iyi anlar acaba?

Alıştırma

Aşağıda bazı kabul edilmez davranış örnekleri verilmiştir. Bu gibi durumlarda ifade edebileceğimiz ben mesajları ne olabilir?

1) Çocuk okuldan gelir gelmez çantasını kapının önünde bırakıyor ve oyuna gidiyor. Çantayı kaldırmak her gün anneye düşüyor.

Ben diliyle mesajınız ne olabilir?

....

....

(*Örnek:* "Çantanı kapının önünde bıraktığın zaman her gün benim toplamam gerekiyor, hem yoruluyorum hem de sinirleniyorum," veya, "Ayağım takılıp düşeceğimden korkuyorum.")

2) Çocuğunuz okuldan gelince derse oturmuyor, sürekli sizin hatırlatmanız, ikaz etmeniz gerekiyor.

Ben diliyle mesajınız ne olabilir?

....

....

(*Örnek:* "Dersini yapman için sürekli ikaz etmem gerekiyor, bu da beni hem yoruyor hem de sinirlendiriyor," veya "Dersini yapacağına oynadığın zaman, dersin yemekten sonraya kalıyor ve benim sana yardım etmem gerekiyor, yemekten sonra dinleneceğime (TV'ye bakacağıma) ders yapmak beni kızdırıyor (sinirlendiriyor)."

Hatırlatma

Kızgınlık ve öfke duyduğunuz, sinirlendiğiniz zaman:

1) Kızgınlık kendinizden (özel yaşantınızdan, kendi sorunuzdan) kaynaklanıyorsa, önceden tedbir alıp durumu açıklayın:
"Bugün çok sinirliyim, beni rahatsız etmeyin", "Bugün çok yorgunum, gürültüye tahammül edemeyeceğim."
2) Duygu ve düşüncelerinizi sen dili yerine, ben diliyle açıklayın:
"Kavga etmeyin. Uslu durun," yerine, "Kavga ettiğiniz zaman hem başım ağrıyor, hem de üzülüyorum."
3) Suçlayacağınıza, **davranışı tanımlayın:**
"Geri zekâlı", "Tembel" yerine, "Yemeğini (dersini) vaktinde bitirmediğin zaman..."
4) Karşı tarafa yükleneceğinize, davranışın veya durumun kendi üzerinizdeki **etkisini açıklayın:**
"Sınıfta kalacaksın", "Hasta olacaksın", "Büyümeyeceksin" yerine, "... yaptığın zaman çok vakit kaybediyorum, çok daha yoruluyorum."
5) Tehdit edeceğinize, **duygularınızı açıklayın:**
"Bu evden gideceğim", "Bıktım artık", "Seni gebertececeğim" yerine, "Çok sinirleniyorum", "Çok içerliyorum", "Kızıyorum", "Kırılıyorum" gibi.

Annelerin Genç Kaldığı Yerler

Bütün ağlamaların dinmesi gerek bir şiiri yazmak için
Çünkü duyguların dinlendiği yerde başlar şiir
Sevginin üşüdüğü yerde yazı, çocukluğun bittiği
Ve hep genç kaldığı yerde annelerin.

Soluk pencereleriyle o eski evimizin
Şimdi asırlar öncesinden hiç dinmeyen
Aralık kalmış kapısında, biriken karların
Donmuş sıcaklığı, bu yürüyen usulca yüreğime.

Anne işte ben o çocuğum, yüreklerin tepesinden
Senin şarkında ürperen o ince bedenim
Dışarda karların büyük heykellerle dövüştüğü
Billur penceresinde çizilen, silik düşüncelerin.

Sana bakardım odanın hangi köşesinden
Bir resim takılmış gözlerime, belki gerçek
Sen en mutlu anların resmini çizerdin
Dudaklarında ürperen sessizliği o eski çinilerin.

Şimdi görünmez pencerelerini ovuyorum tozlu anılarımın
Dışardayım, kar yağıyor, anne üşüyorum
İçeri al beni, kollarınla sar, ısıt bedenimi
O eski odada, yüklerin tepesinden düşüyor düşüyorum.

Bütün ağlamaların dinmesi gerek bir şiir yazmak için
Çünkü duyguların dinlendiği yerde başlar şiir
Sevginin üşüdüğü yerde yazı, çocukluğun bittiği
Ve hep genç kaldığı yerde annelerin.

Tuğrul Tanyol
Ağustos Dehlizleri'nden

8

İyi Anne/Babalık, Aşırı Koruyuculuk mudur?

Tarhan'la (33 yaş) terapi çalışmalarına başladığımızda, zaman zaman yaşadığı panik ataklarından söz etmişti. Beklenmedik yerde ve istenmedik zamanda, kendini son derece kısıtlanmış hissediyor, nefes almakta zorluk çekiyor ve ter döküyordu. Bu halinden oldukça rahatsızdı. Ayrıca çabuk ürküyor, en küçük zorlukta, hemen yaptığından vazgeçiyordu. Tarhan 33 yaşında ve 2 yıllık evliydi; 8 yılı aşkındır da bir aile şirketinde önemli bir mevkiye sahipti. Geliri oldukça yerindeydi, biraz fazla olan kilolarından başka, fizyolojik bir sağlık sorunu da yoktu.

Tarhan'la çalışmalarımız anne/babasıyla olan ilişkilerine yönelince, aşırı koruyucu bir aile yapısının kaçınılmaz sonuçları ortaya çıktı. Kendini sadece çocuklarına vakfetmiş bir anneyle, kendini sadece işine vakfetmiş bir babanın şımartılmış çocuğu olarak büyümüştü. Geniş bir ailenin ilk erkek torunu olarak, fazlaca üstüne düşülmüş, yediği önüne, yemediğiyse arkasına konmuştu. Parayla satın alınabilecek her isteğini erken yaşta elde edebilmiş, isteyebileceği pek bir zevki kalmamıştı. Ailesindeki anne/babalık anlayışı, özellikle yoğun bakım üzerine kurgulanmıştı; üşütmemesi, hastalanmaması, iyi, bol yemesi, okula devam etmesi, dersini iyi, kötü yapması tek temel kaygılardı. Bir de Tarhan'ın her istediğini yapmak veya satın almak, âdeta 'iyi' anne/babalığın bir göstergesiydi. Üzüntü ve kaygıları, çoğunlukla satın alınan hediyelerle gideriliyordu. Üzülmesi, ürkmesi, kaygılanması, ağlaması ve bu gibi acı veren duyguları duymasına pek izin yoktu. Mutlaka mutlu olmak ya da öyle görünmek zorundaydı. Kendini mutlu hissetmediği zamanlar, "Oğlum, daha ne istiyorsun, her istediğin önünde. Bir de Afrika'da aç kalan çocukları düşün!" türünden cevaplarla karşılaşıyordu. Âdeta, her gün, boğazından aşağı kaşık kaşık mutluluk sokulmak istenmekteydi, tıpkı yemeklerin sokulduğu gibi.

Hayatında heyecan kalmamıştı. Her istediğini anında elde edebilmenin aşırı kolaylığı, elde edebilme mücadelesini elinden alıyordu. Oysa mücadelede heyecan vardır, uğraş ve çaba vardır, bu da kişinin güçlerini seferber etmesine neden olur. Değil güçlerini kullanmak, parmağını dahi fazlaca oynatmasına gerek yoktu. İstediği önünde, istemediği arkasındaydı. Bu durumsa, "iyi anne/babalık" olarak sunulduğundan, onlara kızma şansı dahi yoktu. Kızmak, nankörlük sayılırdı. Tarhan, aşırı korumacılığın kısıtlayıcı, gelişmeyi engelleyici, boğucu tuzağındaydı.

ANNELİK İYİ YEMEK YEDİRMEK MİDİR?

Aşırı korumacılık, toplumumuzda 'iyi' ebeveynlikle eşdeğer tutulmakta. "Aman koşma düşersin! Üstüne hırkanı giy, üşürsün!" türünden ikazlar, çocuğun kendi algılarına güvenini sarsar. Düşmekten korkmayı öğrenir; düşünce nasıl kalkacağını bilemez; üşümenin daha ne demek olduğunu kestiremeden fazlaca giydirilir ve ilk rüzgârda hastalanır. Hata yapmasına izin verilmediği için, konuşmaktan veya fikrini açıklamaktan vazgeçer. Her şey önüne kolayca konduğu için, hayatın bu şekilde devam edeceği yanılgısına kapılır ve ilk hüsranda çöküntü yaşar.

"Kahvaltıda süt, bal, yumurta yemeden okula gidemezsin!" türünden ısrarlar, çocukla ebeveynin arasını açar. Çünkü bazı çocukların bünyesi sabah sıkı bir yemeğe elverişli olmayabilir. Yemekler daha az ve özle geçiştirilebilir. Böylelikle çocuğa acıkma duygusu bahşedilir; yemeği, acıkmadan yemek değil de, acıkarak yemenin olağanüstü keyfi sunulmuş olur. Oysa ebeveynin karar verdiğini (karar verdiği zaman ve karar verdiği miktarda) yemek türünden ısrarlar, çocuğun bünyesiyle yabancılaşmasına neden olur; onu, bünyesinin algılarına kulak veremeden söylenenleri yapmaya zorlar.

4-5 yaşındaki çocukların yemek yemelerine ilişkin yapılan araştırmalar, şayet izin verilirse, çocukların, bünyelerinin gereksinimlerine uygun yemekleri doğal olarak seçtiklerini göstermektedir. Bu araştırmalardan birinde, çocukların önüne çeşitli türden yemekler konmuş. Başta, çocukların alışkanlıklarına göre abur cubur yediği gözlenmiş. Ancak bir zaman sonra, çocukların belirli zamanlarda belirli yiyecekleri seçmeye başladıkları görülmüş. Yemek seçimleriyle bünye ihtiyaçları tahlil edildiğinde, çocukların seçtiği yemekleri bünyelerinin o günkü ihtiyacına göre doğal olarak belirledikleri görülmüş. Bunun gibi, duvardaki kireçleri kazıyarak yiyen çocukların, bünyelerinde eksik olan kalsiyumu telafi ettikleri, halk tarafından da bilinen bir gerçektir.

Yemek yemeye zorlamak, anneyle çocuk arasında bir güç kavgasının başlamasına neden olur. Çocuğu istemediği, yapamayacağı bir şeye zorlayan anne/babayla buna direnen bir çocuğun klasik çatışmasıdır bu! Çocukta yemeğe karşı bir isteksizlik yarattığı gibi, yemek zamanlarının her iki taraf için bir kâbusa dönüşmesine de sebep olur. Bu konudaki çekişme ve güç kavgaları, anne/baba ile çocuk arasındaki ilişkinin diğer cephelerine de yansır.

Oysa, yemek yedirmek ve çocuğun her istenileni yemesini sağlamak ille de iyi ebeveynlik demek değildir. Özellikle iyi yemek yemesini sağlamak amacıyla, kendi kendine yiyebilecek bir çocuğa annenin kaşık kaşık yemek yedirmesi, hem çocuğa hem de anneye verilecek en büyük cezalardan biridir. Yemek yedirmek, çocuğun kendi başına yiyemeyeceği bebeklik döneminin veya önemli bir hastalıktan sonraki nekahat devresinin kısa süreli görevi olabilir. Bu dönemlerin dışında yaşanan yemek problemleri, öncelikle kentli ailelerin sorunlarıdır. Bunlarla uğraşacak vakti olmayan ve yemek yemeyi problem etmeyen ailelerden, özellikle de kırsal yörelerde, çocukların yeme problemine pek de rastlanmaz.

Pek çok genç anne, anneliğini bu alanda kanıtlamaya çalışarak hem kendini hem de çocuğunu zora koşar. Çocuğunun peşinden tabak ve kaşıkla saatlerce dolaşan, yemek yemesi için masallar okuyan, televizyon karşısında çocuğunun ağzına yemek tıkıştırıp duran anneler, hayatın güzel ve hayati zevklerinden biri olan yemekle çocuklarının yabancılaşmasına neden olmakta, çocuklarına kötü yeme alışkanlıkları sunmaktadır.

Temelde, önemli ve gerçek bir hastalık kaygısı olmadığı sürece, çocuğun yemek problemi aslında annenin 'yarattığı' bir problemdir. Annenin "iyi anne" olma adına kendi kendine yarattığı ya da çevresi tarafından yaratılan bir sorundur bu. Çocuklar zorlanmadığı sürece, bünyelerinin ihtiyaçlarını duymaya, midelerinin acıkma sinyallerini algılamaya ve ihtiyaçları olan yemeği talep etmeye yatkındır. Bunun için, öncelikle annenin, çocuğun algılarına güvenmesi ve kulak vermesi gerekir. Ama aynı zamanda da, **annenin, anneliğini yemek yedirme alanında kanıtlamaya çalışmaması** çok önemlidir.

"ÇOCUKLARIMIN ÇALAR SAATİ MİYİM?"

Hepimiz biliriz. Tatlı, derin uykudan uyanmak, sıcacık yataktan kalkmak, hele hele görev nedeniyle uyanmak zorunda olmak, dünyada hiç kimsenin seve seve giriştiği bir eylem değildir. Uykunun mahmurluğuyla, sıcak, korumalı yatağın çekiciliği vazgeçilemez olur. Hele hele ucunda okula gitmek gibi fazla çekici olmayan bir neden varsa, uyku daha da ağır basar...

Pek çok ebeveyn, çocuklarını okula yetiştirmek amacıyla, oldukça tatsız ve itici olan 'çalar saat' görevini üstlenir. Bunu yapabilmek için, öncelikle kendine bir çalar saat koyar ya da uyanma saatini zihninde oluşturur ve sonuçta kendi rahat uyuyamaz. Sabahı edince de gider çocuğunu uyandırır. Özellikle kış aylarının karanlık soğuğunda o sıcak yataktan çıkmak pek de kolay bir iş değildir. Çocuğun direnmesine karşı, pek çok ebeveyn iki, üç veya sonsuz kereli uyandırma eylemlerini tekrarlar. Bu tekrarlar, çocuğun daha fazla direnmesine yol açar. Nasıl olsa, eninde sonunda zorla kaldırılacaktır! Çocuğun direnmesi ebeveyni sinirlendirir –kaldı ki, günün o karanlık er saatinde kim sinirli değil ki?– Sonuçta, sinirli ve telaşlı bir anneyle direnen bir çocuk, güne çatışmalı ve tatsız başlarlar.

Oysa, anne/babanın kendini uyanmaya zihnen hazırladığı, içsel saatini kullandığı veya çalar saat ayarladığı gibi, çocukların da kendini ayarlaması çok mümkündür. Uyanma sorumluluğu çocuğa bırakıldığında ve nasıl uyanacağına (çalar saat, radyo, TV, evebeynin bir tek ikazı, çocuğun kendi kendine uyanması vb.) birlikte karar verildiğinde, çocuğun işbirliğine girmesi kolaylıkla sağlanabilir. Bu durumda da, çocuğun kendi sorumluluğunu alması beklenmelidir. Bunu ne şekilde alacağına **çocukla birlikte karar verildiğinde, çocuğun işbirliğine girmesi daha olasıdır.**

Uyandırma sorunu ve bu konuda yaşanan direnmeler, özellikle evinin dışında da çalışan annelerin önemli bir sorunudur. İşe giderken çocuğunu da okula yetiştirme telaşı, servisi kaçırmamak, çocuğun okula gitmeden önce kahvaltı etmesi, çabuk giyinmesi gibi kaygılar, anneyi daha da telaşlı ve sinirli yapar. İşe gitmek için kendini hazırlamak ihtiyacı dururken, çocuğun –hele hele direnen bir çocuğun– sorumluluğu, pek çok annenin gündelik zorluklarındandır.

Devreye giren en temel duyguysa suçluluktur: Çalışan anne olmanın, yani alışılagelmiş, sürekli evde olan 'ideal(!)' anne imgesi olamamanın suçluluğu; çalıştığı için çocuğunu âdeta zorla okula gönderme duygusunun suçluluğu; çocuğa yeterince vakit ayıramamanın suçluluğu ve çocuğu ister istemez tartaklamanın suçluluk duyguları. Bu gibi duygular, annenin çocuğunu usulca uyandırmak istemesine kadar uzanır. Çocuğu çalar saatle uyandırmak, kendi başına giyinmesi, çantasını toplaması, sanki annelik görevlerinin eksik yapıldığı yanılgısını yaşatır anneye. Çocuğu az görmenin yaşattığı özlem de çoğunlukla devreye girer.

Oysa, yaklaşık 2-3 yaşından itibaren çocuğun yemeğini kendi yemeğe çalışması, özellikle el hareketleri koordinasyonunu güçlendirir; keza 4-5 yaşından itibaren kendi başına giyinmeye çalışması önemlidir; okul yaşında, çalar saat türü bir araçla kendi uyanması, özellikle çantasını kendi başına toplaması ve derslerini kendi yapması beklenmelidir. Anne veya baba, **sadece ihtiyaç olduğunda** devreye girebilirler. Böylelikle çocuğun hareket kabiliyeti kadar, özgüveni de olumlu yönde artar; hayatı aracısız, birebir yaşamayı öğrenir.

ANNELİK SÜREKLİ HİZMET Mİ DEMEK?

Kültürümüzün en büyük yanılgılarından biri de, anneliği (ve kadınlığı) sürekli hizmet olarak görmektir. Çocuğun ve aile bireylerinin tüm istek ve ihtiyaçlarına aralıksız cevap vermek, herkesin isteğini, talep dahi etmesine fırsat vermeden yerine getirmek, öngörmek, koşturmak, annelik (ve kadınlık) olarak algılanır. Böylelikle, anneliği en mükemmel şekliyle yerine getirmek isteyenler, çocuklarının (ve aile bireylerinin) en ufak ihtiyaçlarını dahi karşılamak için seferber olurlar. Örneğin, çocuğun okul çantasını anne düzenler, eksiklerini kontrol edip kendi tamamlar, ders yaparken sürekli yanında oturur, derslerini hep kendi çalıştırır, eksik yapılmaması için ders programını kendi kontrol eder, her yere kendi götürür, çocuğun tüm isteklerini ayağına kadar getirir, yemek yerken sürekli yanında oturur, yatma vakti, uyuyana dek yanında kalır, hatta çocuğun uyuyabilmesini sağlamak amacıyla yanında bile uyur vb.

Annenin bu denli 'fazla' var olması, çocuğun sağlıklı gelişimini engeller. Çünkü **anne, kendini çocuğun hayatında çok fazla var etmekte** ve böylece çocuğun özerk düşünme, gelişme, hata yapma, hatalarından öğrenme, sorumluluk alma gibi geliştirici birebir yaşam fırsatlarına engel olmaktadır. Anneliği tam zamanlı bir iş, özellikle de çok mükemmel yapılması gereken bir iş gibi algılayan bu anlayış, gerek çocuğun, gerekse annenin de sağlıklı gelişimine önemli bir engeldir. Bu anlayış, çocuğun ruhsal ve fiziksel beceri gelişimini engellediği gibi, özerk düşünce ve özgüven geliştirmesine de engel olur. Anne ise, birkaç sene içinde, kendini tükenmiş, yorgun, yılgın ve çocuğuna içerlemiş, kızgın hissedebilir. Çocukları büyüyüp evden gitme yaşına geldiğinde, bu tarz yaşamış anne-kadınlar, kendilerini kolaylıkla depresif, tükenmiş, kırgın ve kızgın hissedebilirler.

Oysa, **annelik kesinlikle sürekli hizmet değildir.** Annelik varoluşunu 'sürekli hizmet' şeklinde algılayan kadınlar, çoğunlukla evin tüm diğer bireylerine de annelik ederler. Eşlerine de sürekli hizmet eder, eşin tüm istek ve ihtiyaçlarını öngörmeye çalışırlar. Örneğin, eşin giyeceği elbise, gömlek ve kravatı önceden hazırlayıp yatağın üstüne dizmekten, eşinin seyahat valizini hazırlamaya, çıkardığı kirli çamaşırları yerden toplayıp kirliye atmaya kadar varan çok kişisel sorumlulukları dahi sorgusuzca üstlenirler. Sürekli hizmeti, kadınsı olmakla bağdaştıran bu çarpık anlayış, eşleri ev işleri ve kendine bakmada becerisiz kılar; tüm aile bireylerini anneye fazla bağımlı hale dönüştürür. Eşlerin ruhsal gelişmesini önlediği kadar, cinselliği de törpüler ve yok eder. Eşle ilişki, kadın/erkek ilişkisinden çok, anne/çocuk ilişkisine dönüşür. Bu denli aşırı koruma altında olan erkek, ergen kalır ve ruhsal gelişmesini tamamlayamaz. İlişkide ruhsal ve cinsel doyumsuzluğa, giderek artan kızgınlık, çatışma ve sorunlara neden olur.

Bu tür, fazla özverili annelik anlayışı, temelde 'bebek anneliği' nin genelleştirilmesiyle oluşmuştur. Bebek annesinden beklenen sürekli varoluş, sürekli özveri ve hizmet, tüm anneliğe genelleştirilmiştir. Oysa, **bir annenin çocuğuna ayırdığı zaman, çocuğun yaşı arttıkça, ters oranda azalmalıdır.** Belli sorumlulukları çocuğun almasını beklemek, aslında çocuğu gerçek hayata hazırlamak demektir.

Annelik, hizmet ve bakımdan öte, temelde bir ilişkidir. Çocuğun fiziksel ve ruhsal ihtiyaçlarına cevap veren bir ilişkidir. Çocuk büyüdükçe ihtiyaçları farklılaşır. Bakım ve beslenme oranı giderek azalır. Çocuğun da bu konularda işbirliği ve sorumluluk alması sağlandıkça, çocuğun günlük yaşamında kendi daha güvenli hissetmesi ve hayata daha hazırlıklı başlaması mümkün olur. Bu durum, balıkçının çocuğuna sürekli balık vermesi yerine, balık tutmayı öğretmesine benzer. Çocuk için "balık tutmayı öğrenmek", sürekli hazır balık yemekten daha önemlidir; çünkü "balık tutarken" öğrendikleri, onu hayata hazırlayıcı, güven sağlayıcı ve geliştiricidir.

HAYAT MÜCADELE DEĞİLDİR, MÜCADELE HAYATTIR

Genelde aşırı koruyuculuk, günlük bakım, besleme ve hizmet alanları kadar, duygusal alanlarda da kendini gösterir. Özellikle çocuğun, üzüntü, kaygı, korku gibi acı veren hiçbir duyguyu yaşamamasını öngören aşırı koruyuculuk, çocukları, gerçek hayattan yalıtan bir yapay dünyaya sokmaktadır. "Hayat zaten zor, bunu daha ileride zaten yaşayacak," söylemiyle, çocuğa sadece pembe dünyalar vaat etmek, her istediğini almak, çabalamasına meydan vermeden her şeyini kolay etmek, çocuğu hayata hazırlıksız bırakmaktır.

Oysa, temelde acı veren veya rahatsız eden duyguların belirli işlevleri vardır. Duygular enerji kaynağıdır. Sevinç, sevgi, heyecan gibi haz veren duygular kadar, üzüntü, kaygı, korku, kızgınlık gibi rahatsızlık veren duygular da enerji yüklüdür. Bu tür duyguların yaşanmasına koruyuculuk adına engel olmak, çocuğun kendini koruma, güdüleme, gelişme enerjisini azaltır. Ayrıca da çocuğa yanlış alt mesajlar verir: "Üzülmek, korkmak, kızmak doğru değildir. Sen bu duygularını sakın yaşama! Sadece olumlu duygular yaşamakla yükümlüsün!" gibi. Oysa, acı veren duygular yaşamın, insan olmanın, insanca hissetmenin bir parçasıdır. **Bu duyguları yaşamamak demek,** yaşam yolunda bu gibi duygularla kaçınılmaz olarak karşılaşıldığında, baş etmeyi bilememek, **duygularından kaçmak, bastırmak veya bedensel rahatsızlıklara dönüştürmeyi öğrenmek demektir.**

Anne/babaya düşen görev, bu gibi duyguları reddetmek değil, aksine kabul etmek, dinlemek, duymak ve paylaşmaktır. Duyulan ve paylaşılan duyguların baskısı azalır, duyulmuşluk hafifleme, rahatlama getirir. Bu duyguları yaşayan çocuk, ileriki yaşamında, bu gibi durumlarla karşılaştığında yılmamayı, kaçmamayı ve bu duygularla daha sağlıklı bir şekilde baş etmeyi öğrenir. Çünkü acı veren duygularıyla zamanında mücadele ederek, benliği güçlenmekte, hayata hazırlanmaktadır. Zira, hayat her zaman mücadele değildir, ama mücadelede hayat vardır.

GÜNDE ÜÇ KAŞIK MUTLULUK!

Zamanımız, tüketim mutluluğu üzerine kurgulanmış. Ne kadar alışveriş yapabilir, ne kadar tüketebilirsek, kendimizi o denli mutlu, başarıya ulaşmış farz ediyoruz. Alışveriş merkezlerinin renkli ve şatafatlı vitrinleri gibi çeşitli albenili reklamlar, TV programları arasına 'sıkıştırılmış' hareketli kliplerin ağız sulandırıcı tüketim davetleri, mutluluğa ancak o malı elde ederek ulaşabileceğimiz gibi ince alt mesajlar sunar bizlere. Falanca deterjanı kullanırsak, ev işimizi hafif, âdeta 'dans eder gibi'(!) yapacağımızı; filanca soğuk içkiyi içersek, kendimizi reklamdaki gibi özgür, güzel ve genç hissedeceğimizi; feşmekân araba lastiğine sahip olursak, yolların âdeta reklamdaki gibi düzgün, ağaçlıklı, trafiksiz olacağını ima ederler bize. Hayallerimizi besler, hayali mutluluklar yaratarak, sunulan malların satış potansiyelini artırırlar. Bu gibi reklamların ulaşmak istediği öncelikli kitle, çocuklar ve kadınlardır. Çünkü toplumumuzda alışveriş ve tüketim sorumluluğu, öncelikle kadınlara verilmiştir. Sürekli tüketerek, aslında sanayi ve iş dünyasının çarkını çevirmekte olduğumuzun pek farkına da varmayız. Bu albenili alışverişe çağrılar, çoğumuzda yapay mutsuzluklara neden olur. Albenili bir reklam veya vitrin içinde teşhir edilen o çekici mala ulaşamamak, onu elde edememek, bir nevi mutsuzluk kaynağına dönüşüverir.

Reklamlar ve albenili teşhirlerin etkisi çocuklarda çok daha fazladır. Çekici bir nesneyi hemen elde etmeyi istemek ilkel bir dürtüdür. Çocuk onu elde ederek, bir anlık doyuma ulaşmayı arzu eder. Çoğu anne/baba da, çocuğa istediğini vererek, onu 'doyurduğunu', mutlu ettiğini sanır. Günümüzde pek çok varlıklı aile çocuğunun odası, birçok oyuncakçı dükkânını imrendirecek kadar çeşitle donanmıştır ve o çocuklar, o oyuncakların yüzüne dahi bakmazlar. Daha başka oyunları ve oyuncakları arzu etmeye devam ederler. Elde edemedikleri zamanlarda da ağlar, mutsuz olurlar. Çünkü, yapay mutluluklara doğru eğitilmişlerdir. Elde edilene kadar çekici gözüken, ancak elde edildiği anda çekiciliğini yitiren anlık mutluluklardır bunlar.

Gördüğü her albenili nesneyi hemen elde etmeye alıştırılmış çocuklar, doyumsuz yetişkinler olmaya koşullanırlar. Her istediğini, istediği anda elde edebilme gücü, anlık bir haz, yapay bir güçtür. Çocuğu ve gelecekteki yetişkini bir boşluk duygusuyla karşı karşıya bırakır. Sürekli doldurulması, doyurulması gereken bir boşluktur bu. İçlerindeki merak ve heyecan, istediğine ulaşabilmek için bekleme, düşleme, arzu etme hazzı gelişememiştir. Sürekli yeni ve yapay heyecanlar yaratma ihtiyacında olur, bulamadıklarında da kendilerini kolayca mutsuz, yılgın ve depresif hissederler. Çünkü "mutluluk = somut nesnelere sahip olmak" gibi bir yanılgıyla beslenmişlerdir.

Bu durum, aslında anne/babanın neden olduğu önemli bir yanılgıdır; temelde, anne/babanın alım gücü ve tüketime verdikleri önemle orantılıdır. Çocuklarını mutlu etmek adına çeşitli nesneler sunmak, aslında kolaya kaçmak demektir. Çünkü, bu tür nesneler, elini cebine atmak gibi kolay bir yoldan elde edilirler. Oysa, çocuğa gerçek ve nitelikli zaman ayırmak, onun meraklarına yanıt vermek, düşünce ve duygularını dinlemek, gelişmesine önayak olacak faaliyetler yaratıp çocuğuyla paylaşmak, kişiliğini geliştirmesine destek olmak, çocukla iletişim çok daha zor, daha fazla sabır, zaman ve özveri isteyen davranışlardır. Ancak bu davranışlar gerçek sevgi gösterileridir. Çocuğun ruhunu ve zihnini doyurur, dünyayla ilişkisini, yapay olmayan, gerçekçi temeller üzerinde yapılandırmasına neden olur. Böylece özgüveni gelişen çocuk, çevresi ve kendiyle barışık bir kişilik oluşturur.

Çocuklarım okul yaşındayken, özellikle kırtasiye dükkânlarının albenisi, zorluklarla karşı koyabildiğim yerlerdendi. Çocuklarım için (!) satın aldığım renkli silgiler, oyuncaklı kalemtıraşlar ve parlak, rengârenk defterleri, sonuçta kendi sahip olma zevkimi tatmin için de aldığımı zamanla fark etmiştim!

Bu dükkânların albenisine kendini kaptırmamak, oldukça bilinç ve öz disiplin gerektirir. Temelde, bu tür dükkânların kazancı da, bu ilkel dürtülerin, çocuklar kadar, ebeveynlerde de dizginlenememesi üzerine yapılanmıştır. Pek çok anne/baba, çocukları adına (!) giriştikleri alışverişlerin, aslında kendine doyum sağladığının fazlaca bilincinde değildir. Çocuklar adına alınan oyuncakların, giysilerin vb'nin pek çoğu, anne/babanın kendi içlerindeki çocuğa yaptıkları alışverişlerdir. Böylelikle, **kendi sahip olma duygularını tatmin ederler.** Ayrıca, açıkça kendi adına yapılan aşırı alışverişler birtakım suçluluk duyguları yaratabildiğinden, "çocuk için" almak daha kabul edilir bir bahanedir.

Bu davranışın yan etkisi ise, çocuklara aşılanan **yapay mutsuzluk** öğretisidir. Bu tür davranışlara alışkın çocuklar, "her gördüğü ve beğendiğini hemen elde etmenin mutluluk olduğu" yanılgısına kapılırlar. Aynı zihniyeti taşıyan anne/baba ise, her gördüğü ve beğendiğini çocuğuna (kendine) alamamanın yapay mutsuzluğunu yaşar.

Oysa, somut, elde edilebilir nesnelerin sağladığı mutluluk duygusu geçicidir. Elde edilen nesne, bir süre sonra çekiciliğini yitirir. "Mutlu olmak için" yerine yenisinin konması gerekir ve bu "tüketim mutluluğu" yapay bir mutluluk veya gerçekleşemeyince de, yapay bir mutsuzluk kaynağı olur. Üstüne üstlük, anne/babanın, alışveriş ortamlarında, çocuklarıyla yaşadığı en belirgin çekişmelere de vazgeçilmez bir kaynak oluşturur.

Mutluluk içsel bir duygudur. Sevgi, ilişki sıcaklığı, duyulma, kabul edilme, takdir edilme, beğenilme, desteklenme, yakınlık gibi davranışlar sonucu hissedilen bir haz, coşku, yaşamla barışıklık duygusudur. Bu gibi davranışların sürekliliği mutluluk doyumu sağladığında, çocuklar diğer 'yapay mutluluk' göstergelerine pek de ihtiyaç duymazlar. Alışveriş yapma, her gördüğünü elde etme konusunda fazla ısrarlı olmazlar. Çünkü, onlar için doyumlu ilişki artık ön plana geçmiştir.

BEKLEMEYİ ÖĞRENMEK, KİŞİLİĞİ GELİŞTİRİR

Özellikle, arzu edilen nesneler, hediye veya ödüllerin istenildiği anda, kolayca elde edilmemesi, çocuğun zihinsel ve ruhsal gelişimi için çok önemlidir. Arzu edilen nesneyi düşlemek, onu elde edeceği zaman yapacaklarını hayal etmek, onu elde edebilmek için gayret edip, güdümlenmek öncelikli olarak çok geliştiricidir. İstediklerini hemen elde edemeyen çocuklarla, hemen elde eden çocuklar arasında yapılan kıyas araştırmaları, hemen elde edemeyen çocukların kendilerini daha iyi kontrol edebildiğini, amaçlarına ulaşmak için daha fazla çaba harcadıklarını gösterir.

Sonuç olarak aşırı koruma:

1) Çocuğun kişiliğini geliştirmez; bağımlı, talepkâr, ürkek, inatçı, istediğini tutturan, mantıksız kavgalar çıkaran, çabuk mutsuz olan bir çocuk ve ileride benzer niteliklere sahip bir yetişkin oluşturur.
2) Anne/babayı, ebeveyn rolünün dışına çıkarmaz; birer yetişkin olarak yaşayabilecekleri günlük hayatlarına, karı/koca ve kadın/erkek ilişkilerine engel olur. Çocuk odaklı bir yaşamda, anne/baba kendi insanca öz ihtiyaçlarına sağlıklı bir şekilde sahip çıkamazlar.

Aşırı koruma nasıl olur?

- Okul çantasını (valizini) hazırlamak,
- Sabahları uyandırmak,
- Giyeceklerini seçmek ve giydirmek,
- Kendi yiyebilecek yaştayken, annesi tarafından yedirilmek,
- Üşütür diye fazlaca giydirmek,
- Okul servisini her kaçırdığında seferber olup kendi götürmek,
- Düşmesine, koşmasına, gözden uzaklaşmasına izin vermemek,
- Hata yapmasına izin vermemek, yanlışlarını fazla ayıplamak,
- Fazla yemek yapıp, fazla yedirmek,
- Sadece çocuğun yediklerini pişirmek, herkesin damağına göre ayrı ayrı pişirmek,
- Akşamları, çocuğun dilediği saatte yatmasına izin vermek,
- Tüm yaşamını çocuğun etrafında, çocuk odaklı sürdürmek,
- Baba/çocuk arasındaki iletişime ve çatışmalara sürekli müdahale etmek,
- Aşırı kontrol etmek.

ANNELER MUTLU OLMALIDIR

Çocukların sağlıklı gelişimi için, annelerin mutluluğu çok önemlidir. Çocukların algı ve duygu dünyaları çok hassas ve diridir. Yetişkinlerin ve özellikle annenin duygularını radar gibi algılar ve benimserler. Annenin sinirliliği, rahatsızlığı, mutsuzluğu çocuklara yalın bir şekilde yansır. Çocuklar kendilerini korumak için, bir nevi duyarsızlık geliştirmiş gibi görünseler de, aslında evde olup bitenlerin ve özellikle duygu dünyalarının çok farkındadırlar.

Kültürümüzün annelik kavramına yüklediği aşırı yüceltme, kadınları bu konuya fazlasıyla seferber etmektedir. Günümüze kadar kadının toplumsal statü sembolü olan annelik, pek çok kadının tüm yaşam biçimi olmuş; sonuçta çocuk yaşını çoktan geçmiş olmasına rağmen, yetişkin çocuklarına, kocasına, kendi anne/babasına, kardeşlerine, komşularına vb. annelik etme yolunu benimsemiştir. Bu özverili yaşam tarzı, bir kadınlık varoluşu olarak içselleştirilir.

Annelik varoluşu, temelde kızgınlık, kıskançlık, rekabet, öfke gibi doğal ve insanca duyguları pek barındırmaz. Öz ihtiyaçlarından kolayca vazgeçer, saçını herkes için süpürge eder. Hep anlayışlı, hoşgörülü, sabırlı ve affedici olması beklenir. Fedakârlığı ve yaşam özverisi doğal karşılanır. Karşı koyması, çatışması, kendi çıkarını da düşünmesi pek kabul görmez. Üstelik cinsellikten de arınmıştır.

Yaklaşık bir yıl kadar süren bebeklik döneminden sonra, annenin bu insanüstü nitelikleri sürekli devam ettirmesi olağan dışıdır; çocuğuna fiziksel veya ruhsal zarar vermemek kaydıyla anne tabii ki kızabilir (bkz. "Anne/Babanın Kızgınlığını Duyurması"), öfkelenebilir, bıkabilir, her şeyi bırakıp gitme düşüncesi taşıyabilir vb. Bunlar sadece insanca duygulardır.

Belirleyici olan, yaşadığımız duygular değil, bu duyguların davranışlarımıza ne şekilde yansıdığıdır. Örneğin, zaman zaman yılgınlık, bıkkınlık duymak elbette doğaldır; 'kötü annelik' demek değildir, sadece aynı tekdüze işi yapmanın getirdiği insanca ve acı veren bir duygudur. Bu duygunun davranışa yansıması, hareketlerde yavaşlama, uyku hali, yılgınlık, çöküntü hissetme olabilir ki, bunlar da doğal olup, zaman zaman yaşanabilir. Yılgınlığın diğer bir davranış yansıması, her şeye kızıp öfkelenme veya çocuğu hırpalama, dövme, küfretme olabilir ki, bu davranış açıkça çok hatalıdır ve kesinlikle yapılmamadır. Yılgınlığını kabul etmek, bu koşullar içinde doğal bir duygu olarak görmek, baş edebilmek için de annenin kendi ihtiyaç ve isteklerine de cevap bulması gerekir. Sürekli çocuk merkezli yaşamak, günlük yaşamın çocuk konularıyla dolu olması, okul/sağlık/hastalık/beslenme/kardeş kavgası/kıskançlığı problemlerinin ötesinde annenin kendi yaşıtları ve yetişkinler dünyasında da yaşaması şarttır. Bu alanlarda sağlanan ruhsal ve zihinsel doyumlar, anneliğin yeknesak varoluşuna denge oluşturur.

Annelerin mutluluğu çok önemlidir. Mükemmel anneler çoğunlukla mükemmel çocuklar yetiştiremez. Çünkü mükemmellik adına hem kendinden hem de çocuğundan aşırı beklentileri vardır. Kendilerini annelik konusunda 'çok başarılı' görmek istediklerinden, çocuklarının doğal başarısızlıklarına tahammül edemez, yüksek beklentilerle çocuğu hırpalarlar veya anneliği aşırı koruyuculukla karıştırıp, çocuklarının doğal mücadele güçlerini ellerinden alırlar. 'Mükemmel annelik' oldukça tehlikeli bir kavramdır. **Anneliğin mükemmelliği yoktur, olmamalıdır. Çünkü, annelik temelde bir ilişkidir.** Geriye baktığımızda aklımızda kalan, annemizin okul çantamızı yapıp yapmadığı, dersimize yardım edip etmediği değil, annemizle ilişkinin niteliğidir, iyi veya kötü olduğudur. Mükemmel annelik adına, mükemmel bakıcılık yapan annelerin çocuklarıyla ilişkileri mutlaka nitelikli olmaz. Çocuklar, nitelikli üç kap yemek hazırlayan sinirli bir anne yerine, basit bir sandviç hazırlayan güleryüzlü bir anneyi tercih ederler muhakkak.

Annelerin mutluluğu çok önemlidir. Çocuklarının ruhsal sağlığını korumak isteyen anneler, sürekli özveri yerine, kendi ihtiyaç ve istekleri doğrultusunda yaşamlarına yön bulmalıdır. Böylelikle, anne kendine de ruhsal ve zihinsel doyum sağlayarak, çocuğuna daha nitelikli annelik yapar. Bu durum, özellikle evinin dışında çalışan anneler için çok geçerlidir. 'İyi anneliğin', sürekli çocuklarının yanında olan, sadece ev kadını anneler olduğu düşüncesi günümüzde geçerliliğini kaybetmiştir. Çocuğun bebeklik dönemi için geçerli olabilen bu olgu, çocuk geliştikçe hayatiyetini yitirir. **Çünkü önemli olan, birlikte geçirilen zamanın niceliği değil, niteliğidir.**

Annelerin mutluluğu, ruhsal ve zihinsel doyumu çok önemlidir. Bunu yapmayan, yapamayan, kendine izin vermeyen, imkânı olmayan annelerin çocukları, annelerinin mutsuzluğunu neredeyse hayat boyu sırtlarında taşırlar. Kendilerini suçlu hissedebilecekleri gibi, annelerinin mutsuzluğundan da sorumlu hissederler. Yetişkin yaşa geldiklerinde, önlerine çıkan mutlulukların gereğince hazzına varamaz, vardıklarındaysa suçluluk duygusu yaşarlar. Annelerinin mutsuz olduğu alanlarda (ilişki, cinsellik, sağlık, başarı vb.) kendilerini kolayca var edemezler. Sonuçta kendi hayatlarını yaşayacaklarına, annelerinin hayatının yansımalarını da sırtlarında taşırlar.

Bu nedenlerle, annelerin mutluluğu, kendine de hakkınca zaman ayırması, ruhsal ve zihinsel doyumu, annenin öz ihtiyaç ve isteklerine de, çocuğunkiler kadar cevap vermesi çok önemlidir. **Çünkü mükemmel anneler mutlaka mükemmel çocuklar yetiştirmez ama, mutlu anneler mutlaka mutlu çocuklar yetişirir. Kanımca, bir annenin (veya anne/babanın) çocuklarına vereceği en önemli hediye, mutlu olmayı öğrenmek ve örneklemektir.**

İyi Niyetle...

"İyi niyetli ve yardımsever bir arkadaşımla bir gün doğada gezinirken, kozasından çıkmaya çabalayan bir kelebek gördük. Kelebek kozanın lifleri arasından sıyrılmaya çalışmaktaydı. Yardımsever arkadaşım hemen kelebeğin imdadına koştu. Dikkatlice kozanın liflerini sıyırdı, kozayı araladı ve kelebeğin fazla çabalamadan kozadan çıkmasını sağladı. Ancak kelebek kozadan kolaylıkla çıktıysa da, biraz çırpındı ve uçamadı. Yardımsever arkadaşımın göz ardı ettiği gerçek şuydu: Kanatlar ancak kozadan çıkma çabalarıyla güçlenir ve uçuşa hazırlanır. Kelebek kendini kurtarma çabalarıyla aslında kaslarını geliştirmekte, kendini ayakta tutacak, güçlü kılacak, uçmaya hazırlayacak hareketleri çabalarıyla öğrenmekteydi. Yardımsever arkadaşım, işini kolaylaştırarak kelebeğin güçlenmesine engel olmuştu. Kelebek hiçbir zaman özgürlüğü tanımadı, hiçbir zaman gerçekten yaşayamadı."

Psikiyatr Ruth Sandford'un bir yazısından alınan bu kısa öyküyü bilmem açıklamaya gerek var mı? En iyi niyet, yardımseverlik ve aşırı koruyuculukla gösterdiğimiz sevgi, çocuklarımızın gelişmesine ne derece yardımcı oluyor? Gerçek sevgi çocuğun her şeyini kolaylaştırmak mı, yoksa çabalarına saygı göstererek gelişmesine, hayata hazırlanmasına ve sürekli bize güveneceğine, kendine güvenmesine olanak sağlamak mıdır?

9

Karşılıklı Güven

ÇOCUĞUN GÜVENİNİ ARTIRMAK

Çocuğun sosyal gelişmesi sürecinde geliştirdiği kişilik, en yakın çevresi, yani anne/baba, kardeşler ve ev içinde yaşayan diğer aile üyeleriyle yakından ilişkilidir. Bu çevrenin çocuğa gösterdiği olumlu ve olumsuz tepkiler, çoğun kişilik gelişmesinde önemli rol oynar. Şöyle ki, söylediklerine aldırış edilmeyen, fikrini belirtmeyen, belirttiği zaman sürekli eleştirilen veya sürekli düzeltilen çocuk, haliyle suskun, içine kapanık ve güvensiz veya huysuz ve saldırgan olabilir. Buna karşılık, söyledikleri çok önemli olmasa da dinlenen, önemsenen, fikrini belirtmesine müsaade edilen, fikri çok geçerli olmasa da duyulan, sürekli eleştiriye uğramayan çocuk, daha güvenli, sosyal ve daha sağlıklı bir kişilik geliştirir.

Çocuğun güvenini artırmakta önemli olan 5 etken vardır:

1) Çocuğun kendini ifade etmesine müsaade etmek, çocuğu dinlemek, fikri önemli olmasa da dikkate almak, yani çocuğu duymak.
2) Çocuktan yaşı ve kapasitesi dışında davranışlar beklememek (Örneğin misafirlikte 2 saat için kımıldamadan uslu uslu oturması veya 3 yaşında bir çocuğun üstünü hiç kirletmeden yemek yemesi gibi...).
3) Çocuğun bazı küçük sorumluluklar yüklenmek isteyeceğini bilip bunları başarmasına müsaade ve olanak sağlamak.
4) Çocuğun **çabasını** övmek ve onu bu konuda yüreklendirmek.
5) Çocuğun başarısızlıklarını kişiliğiyle bağdaştırmamak, başarısızlıkları birer öğrenme ögesi olarak görebilmesine yardımcı olmak.

Anne ve baba, çocuğun yaşamında kendine davranış modeli olarak seçtiği ilk örneklerdir. Çocuk yaptığı her şeyde, anne ve babasını taklit eder. Şöyle ki, anne/baba saygısız davranıyorsa, çocuk da ilişkilerinde saygısız olur; anne/baba sürekli eleştirici ise, çocuk da bir şey beğenmeyen, huysuz, eleştirici bir kişi olmaya yönelir. Ancak, davranışları hoşgörüyle, yaşı çerçevesinde anlayışla kabul edilen çocuklar, kendilerini ve kişiliklerini daha rahat ifade edebildiklerinden, daha huzurlu ve güvenli bir kişilik geliştirirler.

Çocuğun güvenini artırmak ve kişiliğini geliştirmek için, ev içinde yapılabilecek basit yaklaşımları içeren bir araştırma[1] özellikle şu ilkeler üzerinde kurulmuştur:

1) Anne/babalar, çocukların ilk ve en önemli öğretmenleridir. (Worley, 1967). Anne/babalar, çocuklarda gelişen davranışların temel örnekleridir. Dolayısıyla, çocuk bir görevin nasıl yapıldığını açıkça görürse veya bir kişi ona gösterirse, iyi öğrenir.
2) Kişi bir öztanımla dünyaya gelmez. Öztanım, önemli kişilerle oluşan iletişimler ve deneyimlerle oluşur.
3) Çocuk değer ve başarı hisleri duyabilmelidir. Çocuk öğrenmediği davranışlarda başarı gösteremez. Ancak, başarısızlıklarına rağmen kendini olumlu bir kişi olarak algılayabilmeli, yani sevildiğini, kabul edildiğini bilmeli ve başarısızlıklarını kişiliği ile bağlantılı olmadan birer öğrenme ögesi olarak görebilmelidir.
4) Anne/baba, yönlendirmelerle çocuklarda becerilerin gelişmesine yardımcı olanaklar yaratabilir. Çocuk değer ve önemini, anne/babasının kendisine gösterdiği sözlü ve sözsüz sevgi ifadelerinden anlar.
5) Yüreklendirme, çocuğun kendini değerli algılayabilmesi için çok önemlidir. Yüreklendirme, çocuğun olumlu taraflarına dikkatini yöneltmekle başlar: Çocuğun davranışlarının olumlu yönlerini

(1) *A Guide to Assist Parents in the Development of Positive Self-concepts in Young Children*. Egelund, Ruth; Vance, Jean, D. – Child Development and Family Relationships. Brigham Young University, 1980.

dile getirir, çocuğa güveni belirtir. Yüreklendirme, mükemmellik ve başarı isteyeceğine, çaba ve ilerlemeleri takdir eder. **Yüreklendirme, çocuğu kendi olduğu için ve olduğu gibi kabul etme ve değer vermedir** ("Şöyle olsaydın daha çok kabul ederdim," demek değildir.)

İleride yapmaya çalışacağımız alıştırmalar bu temel ilkeler üzerinde kurulmuştur. Şöyle ki:

- Anne/baba, olumlu bir öztanım dili kullanarak çocuklarına örnek olmayı ve istenilen davranışları açıkça göstermeyi öğrenecektir.
- Anne/baba, çocuğu yönlendirecek ve yardımcı olarak çocuğun bazı görevleri başarmasına olanak sağlayacaktır.
- Anne/baba, çocuğun yaptıklarını olumlu ifadelerle yüreklendirecektir. Bu gibi bir yaklaşımın sonucunda, çocuk kendisine verilen görevi başarı ile yerine getirecek ve kendi hakkında olumlu öztanım ifadeleri kullanabilecektir. Şöyle ki: "Ben bunu yapabilirim. Ben bu konuda becerikliyim", "Ben alışveriş yapmasını bilirim" gibi... Bu gibi öztanımlar, çocuğun güveninin gelişmesinde ve daha ileriki safhalarda karşılaşabileceği güçlükleri yenebilmekte çok yardımcıdır.

Bu konuda unutulmaması gereken, çocukların ancak tekrarlarla öğrenebildikleridir. Çocukların öğrenebilmeleri ve başarılı olabilmeleri için tekrar şarttır.

Alıştırmalar

1) *Masa kurmakta başarılı olmak:*

a- *Örneklemek:* Yapılması gerekeni gösterin, açıklayın ve olumlu bir öztanım ifadesi kullanın.

("Şimdi masayı kuracağım. Önce masanın üzerine bir örtü koyuyorum. Örtünün masayı iyice örtmesine dikkat ediyorum. Sonra her kişi için bir tabak koyuyorum. Tabağın sağ tarafına bir bıçak koyuyorum, sol tarafına da bir çatal koyuyorum. Bardağı da tabağın önüne koyuyorum. Herkese aynı şeyi yapıyorum. İşte oldu, **ben masa kurabilirim.**")

b- *Yönlendirmek:* Çocuğu masa kurarken doğru yapması için yönlendirin ve başarılı olmasına yardımcı olun.

("Önce örtüyü masanın üzerine koy, her tarafı örtmesine dikkat et. Şimdi her kişi için bir tabak koy, güzel. Şimdi her tabağın sağ tarafına bir bıçak koy. Aferin, çok güzel, şimdi sol taraflara da birer çatal koy, oldu. Şimdi bardakları tabakların önüne yerleştir.")

c- *Yüreklendirmek:* Çocuğu yüreklendiren olumlu ifadeler kullanın.

("İşte oldu. Masa kurabiliyorsun.", "Böyle becerikli bir yardımcım olduğuna çok memnunum.", "Çatallarla bıçakları doğru yerlere koydun.", "Bana yardım ettiğin için çok memnunum.")

2) *Çamaşırı renkli ve beyaz olarak ayırmak:*

a- *Örneklemek:* Yapılması gerekeni gösterin, açıklayın ve olumlu bir öztanım ifadesi kullanın:

(Anne –veya baba– çamaşırı istediği gibi gruplara ayırır. Çocuğun ayırması için de bir sepet çamaşırı kenara koyar. Kendisi gruplara ayırırken çocuğa ne yaptığını açıklar: "Şimdi çamaşırları renklerine göre ayıracağım. Bu kırmızı gömleği şu tarafa, şu beyaz çamaşırı da bu tarafa koyacağım. Çorapları şu küçük kaba koyuyorum..." gibi. Sonra da olumlu bir öztanım ifadesi kullanılır: "Çamaşırları renkliler ve beyazlar olmak üzere doğru ayırdım," gibi).

b- *Yönlendirmek:* Çocuğu, çamaşırı doğru ayırması için yönlendirin ve başarılı olmasına yardımcı olun:

(Çocuğa bir sepet çamaşır verin –yapabileceği kadar– doğru ayırması için için yönlendirin, soru sorun: "Bu gömlek ne renk? Beyazlar grubuna girer mi? Havlularla birlikte koyabilir miyiz? gibi.)

c- *Yüreklendirmek:* Çocuğu yüreklendiren olumlu ifadeler kullanın:

(Çocuk çamaşırları ayırdıkça yüreklendirin: "Öğrenmek zor olmadı.", "Gerçekten iyi ayırt etmesini biliyorsun.", "Bana yardımcı oldun, daha az yoruldum." Yanlışları soru sorarak düzeltin: "Sence bu çamaşır renkliler grubuna mı girer?" Neden farklı bir ayırım gerektiğini açıklayın. Takdir edin.)

3) Oyuncaklarını toplamak:

a- *Örneklemek:* Yapılması gerekeni örnekleyin ve olumlu bir öztanım ifadesi kullanın:

(Anne –veya baba– çocukla birlikte oyuncakları toplar. Önce hangi oyuncakları nereye koyduğunuzu sözel olarak açıklayın: "Şimdi arabaları büyük ayakkabı kutusuna koyacağım. Kalemleri de kalem kutusuna yerleştireceğim. Her şeyi yerinde bulmak hoşuma gidiyor. Ben oyuncakları güzel ayırıp yerleştirmesini biliyorum.")

b- *Yönlendirmek:* Çocuğa ne yapması gerektiğini açıklayın: ("Şimdi senin sıran. Küpleri küp kutusuna yerleştir. Tamam. Güzel oldu. Şimdi de kitaplarını kitaplığa koy. Oldu.")

c- *Yüreklendirmek:* Çocuğu yüreklendiren olumlu ifadeler kullanın:

("Oyuncaklarını gerçekten güzel topluyorsun.", "Bu şekilde oyuncakları toplamaya yardım etmen çok iyi oldu. Hiç yorulmadım.", "Her şeyi yerinde görmek ne güzel oluyor" gibi).

4) Anne/baba ve çocuk birbirlerine sevgi ifadelerinde bulunur:

a- *Örneklemek:* Yapılması gerekeni açıklayın ve olumlu bir öztanım ifadesi kullanın:
("Gel seninle, 'Seni seviyorum, çünkü...' oyununu oynayalım. Ben başlıyorum. 'Seni seviyorum, çünkü gülümserken gözlerinin içi parlıyor.' veya 'Seni seviyorum, çünkü düşündüğün zaman burnunu kırıştırıyorsun.' ")
b- *Yönlendirmek:* Çocuğa ne yapması gerektiğini açıklayın ve başarılı olmasına yardımcı olun:
("Şimdi senin sıran. Beni niçin sevdiğini söyleyeceksin. Sonra da ben sana, başka bir nedenle seni sevdiğimi söyleyeceğim." Çocuk: "Seni seviyorum, çünkü benimle oynuyorsun." Anne (baba): "Seni seviyorum, çünkü...")
c- *Yüreklendirmek:* Çocuğu yüreklendiren olumlu ifadeler kullanın:
("Beni sevdiğini söyleyince çok mutlu oluyorum.", "Beni ... nedenle sevdiğini söylemen çok hoşuma gitti.")

Aynı yöntemlerle yapılabilecek alıştırma ve güven artırıcı oyunlar şöyle olabilir: Havuç ayıklama ve kesme, çiçekleri sulama, çorapları katlama, çekmeceleri düzeltme, çiçek ekme ve büyütme, yemekte kendi kendine servis yapma, resimlere bakarak hikâye anlatma, annenin (babanın) telefonlarını çevirme, portakal suyu hazırlama, yatak yapma, bakkaldan alışveriş yapma vb.

Bu gibi basit işlere katkıda bulunan çocuğun el becerileri geliştiği gibi, kendine güveni de artar. Bunların yanında başarmanın ve aile büyüğü tarafından yüreklendirilip beğenilmenin verdiği haz da çocuğun kişiliğinin gelişmesine ve sorumluluk almasına yardımcı olur.

Örnekleyin.

Açık dille anlatın.

İstenen davranışları açık dille anlatıp örneklemek, çocuğun öğrenmesine yardımcı olur.

Yönlendirin.

Yüreklendirin.

Çocuğun başarmasını sağlamak, onun hevesini ve özgüvenini artırır.

Hatırlatma

Çocuğun güvenini artırmak için:

1) Yapılması gerekeni açıklayın, örnekleyin ve olumlu bir öztanım ifadesi kullanın.
(Yatağı düzeltin, düzeltirken yaptıklarınızı açıklayın. "Şimdi çarşafı geriyorum, üstüne yorganı örtüyorum... Ben yatak yapmasını biliyorum.")

2) Çocuğa ne yapması gerektiğini açıklayarak başarmasını sağlayın.
("... evet, şimdi yatak örtüsünü biraz bu yana çek, güzel, şimdi yastıkları da yerlerine koy, aferin...")

3) Çocuğu yüreklendiren olumlu ifadeler kullanın.
("Yatağı çok güzel düzelttin. Bana yardım ettiğin için çok mutluyum."

EK

3-6 Yaşlardaki Çeşitli Gelişme Aşamaları[1]

Her çocuğun kalıtsal ve çevresel verileri farklıdır. Ancak, bir çocuğun büyümesini yakından izlemek ve sorunlarını zaman geçirmeden saptamak için büyümeyle ilgili ölçütlere gerek vardır. Çocuğun gelişmesinde görülen genel standartlardan sapma ya da farklılıklar, çocuk açısından mutlak daha iyi ya da daha kötü olarak nitelendirilmelidir. Çocuğun çeşitli alanlardaki gelişmesi, kendi bünyesi içinde bile birbirinden ayrı zamanlarda hızlanıp yavaşlayabilir. Hangi yaşta olursa olsun, her çocuğun kendine özgü bir büyüme ve gelişme biçimi, gelişme temposu vardır. Her çocuktaki ortalama gelişme ve davranış aşamaları şunlardır:

3 YAŞINDA

- Büyük kasları gelişmiştir; koşar, tırmanır, hızla hareket edebilir. Koşmayı yürümeye tercih eder. Üç buçuk yaşında sık sık tökezleyip düşer.
- Biraz savruk da olsa, kendi kendini besleyebilir; giyinir, düğmelerini açabilir, fermuarını çeker; kolay giyilebilir cinsten ayakkabılarını kendi kendine giyebilir ancak bağlayamaz, tokasını takamaz.
- Çamur, kum ve kille oynar, yoğurur, şekiller yapar. Çember ve artı işaretlerini çizebilir.

(1) *Çocuğunuz ve Siz*, Güler Okman Fişek.

- Nesnelerin isimlerini bilir; basit cümleler kurar; çeşitli tekerlemeleri ve tekrarlı şarkıları ezberler ve söyler. Sözden anlar, derdini anlatabilir.
- Çok meraklıdır. Çok soru sorar. "Ne? Nerede? Ne zaman?" en sık sorduğu sorulardandır. Her şeyi öğrenmek ister.
- Herhangi bir faaliyette kendini ancak 10-15 dakika meşgul edebilir, dikkat süresi kısadır. Hoşuna giden faaliyetlerde daha uzun süre kalabilir.
- İki ayağını yerden keserek zıplayabilir, merdiven çıkar, tırmanır, topu havaya atar; kısa mesafeye şut atabilir, toprak ve kumu kazar, kaydıraktan kayar. Müziğin temposuna ve ritmine uyarak hoplar, zıplar, dans eder.
- Yaptığı el işlerinin, karalamalarının bir yere asılmasından, onlara önem verilmesinden hoşlanır.
- Ufak tefek işlerde büyüklere yardımcı olabilir, ancak tek başına "ekmek almak" gibi sorumluluklar yüklenemez; dikkati çabuk dağılır; oyuna dalar.
- Tek başına oynamaktan, bir ya da iki arkadaşla oynamaya geçiş yapabilir.
- Paylaşma alışkanlığını geliştirir, arkadaşlarıyla anlaşmaya başlar.
- Kendi başına oynarken oyun arkadaşlarını düşleyip onlarla "konuşur", böylece sıkıntılarından kurtulur.
- Yaşıtlarını veya yetişkinleri sürekli taklit eder, onların davranışlarını ve sözlerini tekrarlar; insanları sever ve onlarla ilgilenir.
- Doğa ve dünya ilgisini çeker. Hayvanlarla ilgili masal ve hikâyelerden hoşlanır. Sevdiği masalları ve olayları tekrar tekrar anlattırır.

4 YAŞINDA

- Fazla yardım görmeden elbiselerini kendi kendine giyebilir, elini yüzünü yıkayabilir, yemeğini dökmeden kendisi yiyebilir, suyunu kendisi koyabilir; tuvalete kendi başına gider, ancak annesine veya bir başka büyüğe haber verir, orada biri olsun ister.

- Çok hareketli oynar; bir yerden diğerine hızla gider gelir; yaptığı her işte hız ve hareket vardır; hareketsiz duramaz.
- Üç tekerlekli bisiklete kolayca binebilir. Top atar, atılan topu kucağında tutar; tahta bloklarla, kutularla yapılar kurar, bunları oyununda kullanır.
- Resimlerini özenle çizmeye çalışır, ancak yetişkinler bu resimlerin ne olduğunu kolayca anlayamaz ve bir şeye benzetemezler. Küçük makasla düz bir hat üzerinde kâğıt kesmeye çalışır, kalem tutabilir, kâğıt katlar, bakarak veya hayal ederek harfleri yazmaya çabalar.
- Çok konuşur, dili hiç durmaz, olayları abartarak anlatır, hayal ettiği olayları gerçekmiş gibi anlatır. Hayalinde yarattığı kişilerle konuşabilir. Anlamsız kelime dizilerinden kendi kendine tekerlemeler uydurur, söyler.
- Yetişkinlerden duyduğu, gördüğü iyi-kötü her şeyi taklit eder. Dili bozuktur, küfredip, kötü sözler söyleyebilir. Başkalarına isim takar, arkalarından bağırır.
- "Neden? Niçin? Nasıl?" gibi ayrıntılı açıklama isteyen sorular sorar.
- Renkleri ayırt eder, adlarıyla tanır.
- Dikkat süresi biraz daha uzar; bir yerde 15-20 dakikadan fazla kalırsa sıkılır. Sevdiği, ilgilendiği etkinliklerde daha uzun süre harcayabilir.
- Yaşıtlarıyla veya yetişkinlerle sözlü olarak kolayca anlaşır. Hem bedeniyle, hem sözle saldırganlık yapabilir. Oyuncaklarını hor kullanır.
- Toplum içinde bazen olumlu, bazen olumsuz davranır. Arkadaşlarına kabadayılık taslar, gözdağı verip sürekli böbürlenir. Oyun kurallarına uymayı başarır, bazı kısıtlamaların nedenini anlamaya başlar ve uyum sağlar; yaşıtlarıyla grup oyunlarına katılır.
- Masal dinlemeyi, kitaba bakmayı, kitabın sayfalarını çevirmeyi sever.

5 YAŞINDA

- Bedenini becerikli, kontrollü biçimde yönetip kullanabilir. Oynadığı yerde uzun süre kalır. Bir oyun başlattığında, aynı oyunu birkaç gün sürdürür; oturmaktan hoşlanmaz; eğilip doğrularak, durmadan hareket ederek, çömelerek oynamayı yeğler.
- Çizgilerle belirlediği bir şeklin içini boyar, kare ve üçgen çizebilir. Tahta kap ve bloklarla kat kat yapılar kurar; kesme ve yapıştırma işlerinden hoşlanır.
- Hep konuşmak ister. Yetişkinler gibi uzun cümleler kurmaya çalışır, bilgisini artırmak için sorular sorar. Örneğin, "Bu şey nasıl çalışır? Bu niçin böyledir? Şu nasıl kullanılır?" gibi. Sözlü olarak ayrıntılı bilgi verir. Dilbilgisi kurallarına uygun konuşur, olayları ve masalları, konuların sırasını bozmadan anlatır; her şeyin neden ve niçiniyle ilgilenir.
- Evcilik oyunlarında gerçek yaşamı yansıtan konuları işler, anne olur, yemek pişirir, ev süpürür vb.
- Bir resme bakarak çizmeye, aynı şeyleri kendi kâğıdına aktarmaya çalışır.
- Söylemek istediğini dile getirmeden önce düşünür, sonra söyler. Hayalle gerçeği birbirinden ayırabilir. Gerçek olaylarla daha çok ilgilenir.
- Bu yaşın en belirgin özelliklerinden biri, toplumun isteklerine uygun davranmaktır. Günlük yaşamı canlı biçimde oyununa aktarır. Yöneltilmekten, eğitilip öğretilmekten hoşlanır. Her şey için izin ister. "Şunu yapabilir miyim?", "Arkadaşlarıma bir şey sorabilir miyim?" gibi sorular sorar.
- Grup oyunlarını diğerlerine yeğ tutar. İki-üç çocukla güzel oynar. Küçükleri korur. Oyunları şaka ve sürprizlerle doludur. Açık hava oyunlarında, ev içi oyunlarından daha başarılıdır. Dışarıda daha mutlu olur.
- Yetişkinlerden veya kendinden küçüklerden çok, yaşıtlarıyla birlikte olmaktan hoşlanır. Çok yorulduğunda saldırgan davranır, ağlamaklı olur, kolayca ağlayabilir.

- Müziğe uyarak oynar, yürür, ip atlamaya çalışır. İki tekerlekli bisiklete binmeye heves eder, üç tekerlekli bisikleti tercih eder.
- Dikkatlidir. Kendi kendini eleştirir fakat kendine güveni de vardır. Söylenenlere inanır ve harfiyen uyar. Belleği çok güçlüdür.

6 YAŞINDA

- Bedenen hayli hareketlidir, zaman zaman dengesini kaybeder, bir yerlere takılıp düşer. Yuvarlanmaktan, güreş etmekten, emeklemekten, yere uzanarak oynamaktan, yere uzanıp okumaktan hoşlanır.
- Yerde top zıplatabilir, istediği yere top atıp atılan topu tutabilir. Toprak ve kumla oynamayı, çukur kazmayı sever.
- Tahta parçaları, kutular veya bloklarla işlevsel yapılar kurar, başka oyuncakları bu yapıların içinde yürütür, onları garaj, ev, bahçe vb. olarak kullanabilir.
- Küçük kasları oldukça gelişmiş olduğundan, diğer yaşlara oranla el işlerinde daha beceriklidir. Kesip yapıştırır, boya yapar, resim yapar, tüm araç ve gereçleri iyi kullanır. Erkek çocuklar topla, kızlar iple oynamayı sever.
- Harfleri yazmaya çalışır, bazılarını ters yazar; bazı çocuklar ad ve soyadlarına ek olarak birkaç kelime daha yazabilirler.
- Başkalarına kötü sözler söylemek, onları terslemek, onlarla tartışmak, isim takmak, arkalarından bağırmak gibi olumsuz huylar edinebilir. Bu yaşlarda özellikle erkek çocuklarda, dil tutukluğu veya kekemelik görülebilir.
- Bedensel gelişme yavaşlamıştır. Göz bozuklukları görülebilir, yakını görmekte güçlük çeken çocuklar çoğunluktadır. Süt dişleri değişmeye başlar.
- Bencil ve kavgacı olabilir. Bir şeye kızdığı zaman onun sorumlusu olarak annesini görür ve hıncını ondan almaya çalışır. İstekleri hiç bitmez. İstekleri, çoğunlukla ille de o anda olmasını istediği

şeylerdir. Her şeyin istediği anda ve istediği biçimde gerçekleştirilmesini bekler. Fırtınalı ve duygusal bir yaştır.

- "Her şeyin hepsini" ister, paylaşmaktan kaçınır. Seçme yapamaz. Suçlanmak, eleştirilmek istemez, kendine verilen cezalara tepki gösterir.
- Oyunlarda ve ilgi alanlarında, kız ve erkek çocuklar arasında farklılık izlenir. Her ikisi de sürekli, yeni şeyleri denemek ister; yeni oyunlar yaratır ve uygular; birçok hayali rollere girer. Grup oyunlarından çok hoşlanır.
- Bazı sorumluluklar yüklenir, söylenenleri dikkatle dinler, dikkat süresi uzar. Kendisiyle gerçek nitelikte eğitim uygulamaları yapılacak bir çağa gelmiştir. Bu yaşta bazı çocuklar okula başlayabilir ve başarılı olabilir (özellikle kız çocuklar).

Kaynakça

Abadan-Unat N., *Toplumsal Değişme ve Türk Kadını,* Türk Toplumunda Kadın, Araştırma, Eğitim, Ekin Yayınları Ticaret A.Ş., s. 1-32, 1982.

Buscaglia, L., *Birbirimizi Sevebilmek* (çev.: Ebcioğlu, Nejat), İnkılâp Kitabevi, 1982.

Cüceloğlu, D., *Yeniden İnsan İnsana,* Remzi Kitabevi, 1991.

Faber, A-Mazlish E., *How To Talk so Kids Will Listen and Listen So Kids Will Talk,* Avon Books, 1982.

Faber, A-Mazlish, E., *Liberated Parents Liberated Children,* Avon Books, 1975.

Fişek G. O.-Sükan, Z., *Çocuğunuz ve Siz,* Türkiye'de Okulöncesi Çocuk Gelişimi ve Eğitim Projesi, M.E.B. Yayınları, 1983.

Geçtan E., *İnsan Olmak,* Adam Yayıncılık, 1984.

Gordon, T., *E.A.E. Etkili Anababa Eğitimi* (çev.: Aksay, Emel), Sistem Yayıncılık, 1996.

Gordon, T., *E.A.E. Etkili Anababa Eğitimi Uygulamalar,* Sistem Yayıncılık, 1996.

Kâğıtçıbaşı, Ç., *Çocuğun Değeri,* Boğaziçi Üniversitesi, İdari Bilimler Fakültesi, 1981.

Kâğıtçıbaşı, Ç., *Sex Roles, Family and Community in Turkey,* Indiana University, Turkish Studies 3, 1982.

Kandiyoti, D., *Kadınlarda Psiko-Sosyal Değişim Kuşaklar Arasında Bir Karşılaştırma,* Türk Toplumunda Kadın, Araştırma, Eğitim, Etkin Yayınları Ticaret A.Ş., s. 311-339, 1982.

Kıray, M., *Küçük Kasaba Kadınları,* Türk Toplumunda Kadın, Araştırma, Eğitim, Ekin Yayınları Ticaret A.Ş., s. 341-356, 1982.

Le Compie, G., *Türkiye'de Aile-İçi Çocuk Gelişimi ve Eğitimi Sistemi,* Türkiye'de Okulöncesi Çocuk Gelişimi ve Eğitimi Projesi, Boğaziçi Üniversitesi, İdari Bilimler Fakültesi, Araştırma ve Uygulama Enstitüsü, M.E.B. Yayınları, 1982.

Lewis, M.-Rosenblum, L. A., *The Development of Affect*, Plenum Press, New York, 1978.

Maccoby, E. E., *Social Development*, Harcourt Brace Javonovich Inc., 1980.

Okman, G-Maktav, S., *Çocuk Gelişiminin Temel İlkeleri*, Türkiye'de Okulöncesi Çocuk Gelişimi ve Eğitim Projesi, Boğaziçi Üniversitesi, İdari Bilimler Fakültesi, Araştırma ve Uygulama Enstitüsü, M.E.B. Yayınları, 1982.

Özbay, F., *Türkiye'de Kırsal/Kentsel Kesimde Eğitimin Kadınlar Üzerine Etkisi*, Türk Toplumunda Kadın, Araştırma, Eğitim, Ekin Yayınları A.Ş., s. 171-197, 1982.

Satir, V. *Peoplemaking*, Science and Behavior Books, 1972.

Scott Peck, M., *Az Seçilen Yol*, Akaşa Yayınları, 1994.

Sükan, Z., *Okulöncesi Etkinlikleri*, Türkiye'de Okulöncesi Çocuk Gelişimi ve Eğitimi Projesi, M.E.B. Yayınları, 1983.

Sakan, Z. ve diğerleri, *Okulöncesi Eğitimi El Kitabı*, İstanbul Redhouse Yayınevi, 1978.

Yörükoğlu, A., *Çocuk Ruh Sağlığı*, Türkiye İş Bankası Kültür Yayınları, 1986.

Yörükoğlu, A., *Gençlik Çağı*, Türkiye İş Bankası Kültür Yayınları, 1986.